Mikrovalna Magija

Brza i Ukusna Jela u Vašem Domu

Petra Zvonar

Sadržaj

Talijanska juha od krumpira 14
Juha sa svježim rajčicama i celerom 15
Juha od rajčice s umakom od avokada 16
Ohlađena juha od sira i luka 17
Švicarska juha od sira 18
Avgolemono juha 19
Krem juha od krastavaca s pastisom 20
Curry juha s rižom 21
Vichyssoise 22
Ohlađena juha od krastavaca s jogurtom 23
Ohlađena juha od špinata s jogurtom 24
Sherrie ohlađena juha od rajčice 25
Novoengleska juha 26
Juha od rakova 27
Juha od rakova i limuna 28
Biskvit od jastoga 28
Paket sušene juhe 28
Kondenzirana juha iz konzerve 28
Podgrijavanje juha 29
Zagrijavanje jaja za kuhanje 29
Pečena jaja 29
Pržena jaja (Kraljevstva) 30

Piperada 31
Piperade s Gammon 32
Piperada 33
Jaja firentinska 33
Pržena jaja Rosini 34
Patlidžani Kajgana 34
Klasični omlet 36
Aromatizirani omleti 37
Omlet za doručak 38
Poširana jaja sa topljenim sirom 39
Jaja Benedikt 39
Omlet s Arnoldom Bennettom 40
tortilja 41
Španjolski omlet s miješanim povrćem 42
Španjolski omlet sa šunkom 43
Jaja od sira u umaku od celera 43
Fu Yung lopte 44
Pizza omlet 45
Soufflé omlet 46
Soufflé omlet od limuna 47
Soufflé omlet od naranče 47
Soufflé s omletom od badema i marelica 47
Soufflé omlet od malina 47
Soufflé omlet od jagoda 48
Soufflé omlet s dodacima 48
Jaja pečena sa vrhnjem 49
Napolitansko pečenje od jaja 49

Fondue od sira *50*
Fondue s jabukovačom *51*
Fondue sa sokom od jabuke *51*
Ružičasti fondue *52*
Dimljeni fondue *52*
njemački pivski fondue *52*
Fondu s vatrom *52*
Tretira fondue *53*
fondi *53*
Fondue od sira i rajčice *53*
Fondue od sira *55*
Fondue s jabukovačom *56*
Fondue sa sokom od jabuke *56*
Ružičasti fondue *56*
Dimljeni fondue *57*
njemački pivski fondue *57*
Fondu s vatrom *57*
Tretira fondue *57*
fondi *58*
Fondue od sira i rajčice *58*
Mock fondue sa sirom i celerom *59*
Talijanski fondue od sira, vrhnja i jaja *60*
Nizozemski seoski fondue *61*
Country fondue s malo kicka *62*
Pečena jaja u stilu flamenka *63*
Puding od kruha i maslaca sa sirom i peršinom *64*

Puding od kruha i maslaca od sira i peršina s indijskim oraščićima 65
Puding od kruha i maslaca s četiri sira 65
Palačinke od sira i jaja 66
Puding sa sirom i rajčicama okrenut naopako 67
Pizza palačinke 68
Brancin od đumbira s lukom 69
Paketi pastrva 70
Sjajna grdobina s tankim bobama 71
Sjajni škampi iz Mangetouta 72
Normandijski bakalar s jabukovačom i kalvadosom 73
Riblja paella 75
Sušena haringa 76
Moules Marineri 77
Skuša s umakom od rabarbare i grožđica 79
Haringa s umakom od jabuka 81
Šaran u Fighter umaku 81
Kiflice od marelica 82
Kuhani Kipper 83
madraske kozice 84
Martini rolice od iverka s umakom 85
Ragu od školjki s orasima 87
Vrući bakalar 89
Vruće dimljeni bakalar 90
Grdobina u umaku od zlatne kreme od limuna 90
List u umaku od zlatne kreme od limuna 92
nizozemski losos 92

Nizozemski losos s korijanderom 93
Pahuljice majoneze od lososa 94
Losos na žaru, na mediteranski način 95
Kedgeree s Curryjem 96
Kedgeree s dimljenim lososom 97
Quiche od dimljene ribe 98
Gumbo od luizijanskih škampa 99
Gumbo grdobina 100
Gumbo od miješane ribe 100
Pastrva s bademima 101
Provansalski škampi 101
Iverak u umaku od celera s prženim bademima 103
Fileti u umaku od rajčice i mažurana 103
Fileti u umaku od gljiva s potočarkom 104
Pečeni bakalar s poširanim jajetom 104
Vahnja i povrće u umaku od jabukovače 106
Torta uz more 107
Preljevi od dimljene ribe 109
Coley fileti s marmeladom od poriluka i limuna 110
Morska riba u jakni 111
Švedski bakalar s otopljenim maslacem i jajima 112
Stroganoff s plodovima mora 113
Stroganov od svježe tune 114
Vrhunski ragu od bijele ribe 115
S mousseom od lososa 116
Dijetalni mousse od lososa 118
Mornay rak 119

Jutarnja tuna 120
Jutro crvenog lososa 120
Kombinacija plodova mora i orašastih plodova 120
Prsten lososa s koprom 122
Kolut miješane ribe s peršinom 123
Tepsija od bakalara sa slaninom i rajčicama 124
Riblji lonac od pečenice 125
PILETINA u pećnici 128
Glazirana piletina 129
Tex-Mex piletina 130
Krunidbena piletina 131
Piletina Veronika 132
Piletina u umaku od octa s estragonom 133
Danska pečena piletina s nadjevom od peršina 134
Piletina Simla 134
Začinjena piletina s kokosom i korijanderom 135
Začinjeni zec 136
Začinjena puretina 136
Pileći Bredie s rajčicama 137
Kuhana kineska crvena piletina 138
Aristokratska pileća krilca 138
Chicken Chow Mein 140
Pileći kotlet Suey 140
Express marinirana kineska piletina 141
Hong Kong piletina s miješanim povrćem i klicama graha 142
Piletina s umakom Golden Dragon 142
Pileća krilca s đumbirom i zelenom salatom 143

Bangkok piletina s kokosom 144
Saty od piletine 145
Piletina s kikirikijem 147
Indijska piletina s jogurtom 147
Japanska piletina s jajima 148
Portugalski pileći lonac 149
Začinjeni pileći lonac na engleski način 150
Diskreditirana Tandoori piletina 151
Cheesecake s voćem i maslacem od orašastih plodova 153
Konzervirani kolač od đumbira 154
Kolač od đumbira s džemom od naranče 155
Medena torta sa orasima 156
Kolač od meda i đumbira 157
Kolač sa sirupom od đumbira 158
tradicionalni đumbir 159
Narančasti medenjak 160
Kolač od kave od marelice 161
Rum ananas torta 162
Bogati božićni kolač 162
Brza Simnel torta 164
Kolač sa sjemenkama 165
Jednostavan voćni kolač 167
Kolač od datulja i oraha 168
Zunna torta 169
Kolač od pastrnjaka 171
kolač od bundeve 171
Skandinavska torta od kardamoma 172

Kruh s voćnim čajem 174
Viktorijanska sendvič torta 175
Kolač od oraha 176
Torta od skakavca 177
Jednostavan čokoladni kolač 177
Kolač od badema 177
Viktorijanska torta 178
Čajni biskvit 179
Biskvit od limuna 180
Narančasti biskvit 180
Espresso kolač od kave 180
Espresso kolač od kave s ledom od naranče 181
Kremasti kolač od espresso kave 182
Kolačići s grožđicama 182
kolačići od kokosa 183
Čokoladni kolači 184
Kolač sa začinima od banane 184
Kolač od banane i začina s glazurom od ananasa 185
Sladoled od maslaca 186
Glazura od čokolade 186
Klinovi za zdravlje voća 187
Plodovi marelice zdravstveni klinovi 188
Prhko tijesto 188
Ekstra hrskavi kolačići 189
Izuzetno glatko prhko tijesto 189
Slano prhko tijesto 190
Prhko tijesto na nizozemski način 190

Kuglice cimeta 190
Zlatna rakija puca 191
Snaps od čokoladne rakije 192
lepinje lepinje 193
Rolice s grožđicama 194
Kruh 194
Osnovno tijesto za bijeli kruh 195
Osnovno tijesto za smeđi kruh 196
Osnovno tijesto za kruh s mlijekom 197
Bap Loaf 197
Bap kiflice 198
Peciva za hamburger 198
Slatke voćne rolice 198
Cornish divizije 199
Fancy Rolls 199
Kiflice sa nadjevima 200
Kruh od kima 200
raženi kruh 201
Kruh s uljem 201
Talijanski kruh 201
španjolski kruh 202
Tikka Masala kruh 202
Sladni kruh s voćem 203
Irski soda kruh 205
Soda kruh s mekinjama 206
Za osvježenje Riq kruha 206
Grčke pitas 206

Cherry Fighter u luci *207*
Cherry Warrior u jabukovači *208*
Kuhani ananas *209*
Kuhano Sharon voće *210*
Kuhane breskve *210*
Ružičasta kruška *211*
Božićni puding *212*
Puding od maslaca sa šljivama *213*
Puding od šljiva sa uljem *213*
Voćni sufle u čašama *214*
Gotovo instant božićni puding *215*

Talijanska juha od krumpira

Poslužuje 4–5

1 veliki luk, nasjeckan
30 ml / 2 žlice maslinovog ili suncokretovog ulja
4 velika krumpira
1 manja kost kuhane šunke
1,25 litara/2¼ boda/5½ šalica vrućeg pilećeg temeljca
Sol i svježe mljeveni crni papar
60 ml/4 žlice vrhnja (svijetlog).
Naribani muškatni oraščić
30 ml/2 žlice nasjeckanog peršina

Stavite luk i ulje u zdjelu od 2,25 litara/4 porcije/10 šalica. Kuhajte nepoklopljeno u načinu odmrzavanja 5 minuta, dva puta miješajući. Za to vrijeme ogulite i naribajte krumpir. Propirjajte luk i dodajte kosti šunke, vruću juhu te sol i papar po ukusu. Poklopite tanjurom i kuhajte 15-20 minuta uz dva puta miješajući dok krumpir ne omekša. Pomiješajte s vrhnjem, stavite u zdjelice i pospite muškatnim oraščićem i peršinom.

Juha sa svježim rajčicama i celerom

Poslužuje 6–8

900 g zrelih rajčica, blanširanih, oguljenih i narezanih na četvrtine
50 g maslaca ili margarina ili 30 ml/2 žlice maslinovog ulja
2 stabljike celera, sitno nasjeckane
1 velika glavica luka sitno nasjeckana
30 ml/2 žlice tamnog mekanog smeđeg šećera
5 ml/1 žličica soja umaka
2,5 ml / ½ žličice soli
300 ml/½ porcije/1¼ šalice vruće vode
30 ml/2 žlice kukuruznog brašna
150 ml/¼ pt./2/3 šalice hladne vode
Prosječni šeri

Izmiksajte rajčice u blenderu ili multipraktiku. Stavite maslac, margarin ili ulje u posudu od 1,75 litara/3 porcije/7½ šalica. Puna toplina na minutu. Pomiješajte sa celerom i lukom. Pokrijte tanjurom i kuhajte dok ne bude gotovo 3 minute. Dodajte pire od rajčice, šećer, sojin umak, sol i zagrijte. Poklopiti kao prije i kuhati na jakoj vatri 8 minuta uz četiri puta miješanje. U međuvremenu dobro pomiješajte kukuruzni škrob i hladnu vodu. Umiješajte u juhu. Kuhajte nepoklopljeno na jakoj vatri 8 minuta, miješajući četiri puta. Ulijte u zdjelice za juhu i u svaku dodajte malo šerija.

Juha od rajčice s umakom od avokada

Poslužuje 8

2 zrela avokada
Sok od 1 male limete
1 češanj češnjaka, zgnječen
30 ml/2 žlice majoneze od senfa
45 ml/3 žlice crème fraîche
5 ml/1 žličica soli
Prstohvat kurkume
600 ml/20 tečnih oz/2 limenke kondenzirane juhe od rajčice
600 ml/1 porcija/2½ šalice tople vode
2 rajčice oguljene, očišćene od sjemenki i izrezane na četvrtine

Avokado ogulite i prepolovite, izvadite koštice. Meso dobro zdrobite i zatim pomiješajte sa sokom limete, češnjakom, majonezom, crème fraîcheom, soli i kurkumom. Pokrijte i stavite u hladnjak dok ne zatreba. Ulijte obje limenke juhe u posudu od 1,75 litara/3 porcije/7½ šalica. Polako pomiješajte s vodom. Pulpu rajčice narežite na trakice i dvije trećine dodajte juhi. Pokrijte lonac tanjurom i kuhajte na jakoj vatri 9 minuta, dok se jako ne zagrije, miješajući četiri ili pet puta. Ulijte u zdjelice za juhu i dodajte žlicu umaka od avokada u svaku zdjelu. Ukrasite preostalim trakicama rajčice.

Ohlađena juha od sira i luka

Poslužuje 6–8

25 g/1 oz/2 žlice maslaca ili margarina
2 glavice luka nasjeckane
2 stabljike celera, sitno nasjeckane
30 ml/2 žlice pšeničnog brašna (višenamjenskog).
900 ml/1½ bodova/3¾ šalice vruće pileće ili povrtne juhe
45 ml/3 žlice suhog bijelog vina ili bijelog porta
Sol i svježe mljeveni crni papar
125 g/1 šalica plavog sira, izmrvljenog
125 g/1 šalica Cheddar sira, naribanog
150 ml/¼ pt/2/3 šalice vrhnja za šlag
Sitno nasjeckana kadulja, za dekoraciju

Stavite maslac ili margarin u posudu od 2,25 litara/4 porcije/10 šalica. Odmrzavajte bez poklopca u načinu rada za odleđivanje 1,5 minuta. Promiješajte luk i celer. Pokrijte tanjurom i kuhajte 8 minuta. Izvadite iz mikrovalne pećnice. Umiješajte brašno pa postupno dodajte temeljac i vino ili porto. Poklopite kao i prije i kuhajte 10-12 minuta miješajući svake 2-3 minute dok juha ne postane glatka, zgusnuta i vruća. Začiniti po želji. Dodajte sir i miješajte dok se ne otopi. Pokrijte i ostavite da se ohladi, a zatim stavite u hladnjak na nekoliko sati ili preko noći. Prije posluživanja promiješajte i polako umiješajte vrhnje. Ulijte u čaše ili zdjelice i lagano pospite kaduljom.

Švicarska juha od sira

Poslužuje 6–8

25 g/1 oz/2 žlice maslaca ili margarina
2 glavice luka nasjeckane
2 stabljike celera, sitno nasjeckane
30 ml/2 žlice pšeničnog brašna (višenamjenskog).
900 ml/1½ bodova/3¾ šalice vruće pileće ili povrtne juhe
45 ml/3 žlice suhog bijelog vina ili bijelog porta
5 ml/1 žličica kumina
1 češanj češnjaka, zgnječen
Sol i svježe mljeveni crni papar
225 g/2 šalice sira Emmental ili Gruyère (švicarski), naribanog
150 ml/¼ pt/2/3 šalice vrhnja za šlag
Krutoni

Stavite maslac ili margarin u posudu od 2,25 litara/4 porcije/10 šalica. Odmrzavajte bez poklopca u načinu rada za odleđivanje 1,5 minuta. Promiješajte luk i celer. Pokrijte tanjurom i kuhajte 8 minuta. Izvadite iz mikrovalne pećnice. Umiješajte brašno pa postupno dodajte temeljac i vino ili porto. Umiješajte kumin i češnjak. Poklopite kao i prije i kuhajte 10-12 minuta miješajući svake 2-3 minute dok juha ne postane vruća, glatka i zgusnuta. Začiniti po želji. Dodajte sir i miješajte dok se ne otopi. Izmiksajte vrhnje. Ulijte u čaše ili zdjelice i poslužite vruće, ukrašeno krutonima.

Avgolemono juha

Poslužuje 6

1,25 litara/2¼ boda/5½ šalica vrućeg pilećeg temeljca
60 ml/4 žlice riže za rižoto
Sok od 2 limuna
2 velika jaja
Sol i svježe mljeveni crni papar

Juhu ulijte u duboki lonac od 1,75 litara. Pomiješajte rižu. Poklopite tanjurom i kuhajte 20-25 minuta dok riža ne omekša. Temeljito izmiješajte sok od limuna i jaja u zdjeli za juhu ili drugoj velikoj posudi za posluživanje. Lagano pomiješajte juhu i rižu. Začinite po ukusu prije posluživanja.

Krem juha od krastavaca s pastisom

Poslužuje 6–8

900 g krastavaca, oguljenih
45 ml/3 žlice maslaca ili margarina
30 ml/2 žlice kukuruznog brašna
600 ml/1 porcija/2½ šalice pileće ili povrtne juhe
300 ml/½ porcije/1¼ šalice vrhnja za šlag
7,5–10 ml/1½–2 žličice soli
10 ml/2 žličice Pernod ili Ricard (pastis)
Svježe mljeveni crni papar
Sjeckani kopar (kopar)

Narežite krastavac na vrlo tanke ploške pomoću ribeža ili reznog diska kuhinjskog procesora. Stavite u zdjelu, pokrijte i ostavite sa strane 30 minuta kako bi dio vlage isparilo. Ocijedite što je moguće suše u čistom ručniku (krpi za suđe). Stavite maslac ili margarin u posudu od 2,25 litara/4 porcije/10 šalica. Odmrzavajte bez poklopca u načinu rada za odleđivanje 1,5 minuta. Izmiksati krastavce. Poklopiti tanjurom i kuhati 5 minuta uz tri puta miješanje. Umiješajte kukuruzni škrob u dio juhe, te dodajte ostatak juhe. Postupno umiješajte krastavac. Kuhajte nepoklopljeno na jakoj vatri oko 8 minuta, miješajući tri ili četiri puta, dok juha ne postane vruća, glatka i zgusnuta. Dodajte vrhnje, sol i pastis te dobro promiješajte. Zagrijte potpuno nepokriveno 1-1,5 minuta. Začinite po želji paprom.

Curry juha s rižom

Poslužuje 6

Prekrasno lagana anglo-indijska pileća juha.

30 ml / 2 žlice ulja od kikirikija ili suncokreta
1 veliki luk, nasjeckan
3 stabljike celera sitno nasjeckane
15 ml/1 žlica blagog curry praha
30 ml/2 žlice srednje suhog šerija
1 litra/1¾ boda/4¼ šalice pileće ili povrtne juhe
125 g/4 oz/½ šalice dugačke riže
5 ml/1 žličica soli
15 ml/1 žlica sojinog umaka
175 g kuhane piletine narezane na trakice
Za posluživanje gusti prirodni jogurt ili crème fraîche

Ulijte ulje u posudu od 2,25 litara/4 pt/10 šalica. Zagrijte nepoklopljeno, cijelo 1 minutu. Dodajte luk i celer. Kuhajte potpuno nepoklopljeno 5 minuta uz jednom miješanje. Pomiješajte curry, sherry, juhu, rižu, sol i soja umak. Poklopite tanjurom i kuhajte 10 minuta uz dva puta miješanje. Dodajte piletinu. Poklopite kao i prije i kuhajte 6 minuta. Ulijte u zdjelice i prelijte komadićima jogurta ili crème fraîche.

Vichyssoise

Poslužuje 6

Ekskluzivna, ohlađena verzija juhe od poriluka i krumpira koju je izumio američki kuhar Louis Diat početkom 20. stoljeća.

2 godišnja doba
350 g krumpira oguljenog i narezanog na kockice
25 g/1 oz/2 žlice maslaca ili margarina
30 ml/2 žlice vode
450 ml/¾ pt/2 šalice mlijeka
15 ml/1 žlica kukuruznog brašna
150 ml/¼ pt./2/3 šalice hladne vode
2,5 ml / ½ žličice soli
150 ml/¼ porcije/2/3 šalice 1 krema (svijetla).
Nasjeckani vlasac, za ukras

Poriluk ogulite i odrežite veći dio zelenog dijela. Ostatak nasjeckajte i temeljito operite. Debela porcija. Stavite u lonac od 2 litre s krumpirom, maslacem ili margarinom i vodom. Poklopite tanjurom i kuhajte na jakoj vatri 12 minuta uz četiri puta miješanje. Prebacite u blender, dodajte mlijeko i miksajte dok ne postane pire. Vratiti u posudu. Kukuruzno brašno dobro pomiješajte s vodom i dodajte u jelo. Posolite po ukusu. Kuhajte nepoklopljeno na visokoj temperaturi 6 minuta, miješajući svaku minutu. Ostaviti da se ohladi. Umiješajte vrhnje. Pokrijte i dobro ohladite. Prebacite u zdjelice i svaki dio pospite vlascem.

Ohlađena juha od krastavaca s jogurtom

Poslužuje 6–8

25 g/1 oz/2 žlice maslaca ili margarina
1 veći režanj češnjaka
1 krastavac, oguljen i krupno narendan
600 ml/1 porcija/2½ šalice prirodnog jogurta
300 ml/½ pt/1¼ šalice mlijeka
150 ml/¼ pt./2/3 šalice hladne vode
2,5–10 ml/½–2 žličice soli
Narezana menta, za ukras

Stavite maslac ili margarin u posudu od 1,75 litara/3 porcije/7½ šalica. Zagrijte nepoklopljeno, cijelo 1 minutu. Zgnječite češnjak i dodajte krastavac. Kuhajte nepoklopljeno na visokoj temperaturi 4 minute, dva puta miješajući. Izvadite iz mikrovalne pećnice. Pomiješajte sve preostale sastojke. Pokrijte i ohladite nekoliko sati. Ulijte u zdjelice i svaki dio pospite mentom.

Ohlađena juha od špinata s jogurtom

Poslužuje 6–8

25 g/1 oz/2 žlice maslaca ili margarina
1 veći režanj češnjaka
450 g nasjeckanih listova mladog špinata
600 ml/1 porcija/2½ šalice prirodnog jogurta
300 ml/½ pt/1¼ šalice mlijeka
150 ml/¼ pt./2/3 šalice hladne vode
2,5–10 ml/½–2 žličice soli
Sok od 1 limuna
Naribani muškatni oraščić ili mljeveni orasi za dekoraciju

Stavite maslac ili margarin u posudu od 1,75 litara/3 porcije/7½ šalica. Zagrijte nepoklopljeno, cijelo 1 minutu. Zgnječite češnjak i dodajte špinat. Kuhajte nepoklopljeno na visokoj temperaturi 4 minute, dva puta miješajući. Izvadite iz mikrovalne pećnice. U blenderu ili multipraktiku izmiksajte u gusti pire. Pomiješajte sve preostale sastojke. Pokrijte i ohladite nekoliko sati. Ulijte u zdjelice i svaku porciju pospite muškatnim oraščićem ili mljevenim orasima.

Sherrie ohlađena juha od rajčice

Poslužuje 4–5

300 ml/½ pt/1¼ šalice vode
300 ml/10 tečnih oz/1 limenka kondenzirane juhe od rajčice
30 ml / 2 žlice suhog šerija
150 ml/¼ pt/2/3 šalice dvostrukog (gustog) vrhnja.
5 ml/1 žličica Worcestershire umaka
Nasjeckani vlasac, za ukras

Ulijte vodu u posudu od 1,25 litara i zagrijavajte bez poklopca 4-5 minuta dok ne počnu mjehurići. Ulijte juhu od rajčice. Kada je smjesa glatka, dobro izmiješajte preostale sastojke. Pokrijte i ohladite 4-5 sati. Izmiješajte, žlicom stavljajte u staklene tanjure i svaki pospite vlascem.

Novoengleska juha

Poslužuje 6–8

Uvijek poslužena u Sjevernoj Americi za nedjeljni brunch, juha od školjki je apsolutni klasik, ali kako školjke nije lako pronaći, zamijenili su ih bijelom ribom.

5 trakica nemasne slanine (šnite), deblje nasjeckane
1 velika glavica luka oguljena i naribana
15 ml/1 žlica kukuruznog brašna
30 ml / 2 žlice hladne vode
450 g krumpira narezanog na kockice veličine 1 cm
900 ml/1½ bodova/3¾ šalice vrućeg punomasnog mlijeka
450 g čvrstih fileta bijele ribe, oguljenih i sitno narezanih
2,5 ml/½ žličice mljevenog muškatnog oraščića
Sol i svježe mljeveni crni papar

Stavite slaninu u zdjelu od 2,5 litara/4½ komada/11 šalica. Dodajte luk i kuhajte nepoklopljeno na jakoj vatri 5 minuta. Kukuruzni škrob i vodu dobro pomiješajte i promiješajte u zdjeli. Pomiješajte krumpir i pola vrućeg mlijeka. Kuhajte nepoklopljeno na jakoj vatri 6 minuta uz miješanje tri puta. Umiješajte preostalo mlijeko i kuhajte nepoklopljeno na jakoj vatri 2 minute. Dodajte ribu u muškatni oraščić i začinite po želji. Poklopite tanjurom i kuhajte na jakoj vatri 2 minute dok riba ne omekša. (Ne brinite ako se riba počela ljuštiti.) Sipajte u duboke zdjelice i odmah jedite.

Juha od rakova

Služi 4

25 g/2 žlice neslanog (slatkog) maslaca.
20 ml/4 žličice pšeničnog brašna (višenamjenskog).
300 ml/½ pt/1¼ šalice zagrijanog punomasnog mlijeka
300 ml/½ pt/1¼ šalice vode
2,5 ml/½ čajne žličice engleskog senfa
Malo umaka od ljutih papričica
25 g/1 oz/¼ šalice cheddar sira, naribanog
175 g svijetlog i tamnog mesa rakova
Sol i svježe mljeveni crni papar
45 ml/3 žlice suhog šerija

Stavite maslac u posudu od 1,75 litara / 3 porcije / 7½ šalica. Odledite u načinu rada odmrzavanja 1-1½ minute. Umiješajte brašno. Kuhajte otklopljeno na punoj snazi 30 sekundi. Postupno umiješajte mlijeko i vodu. Kuhajte bez poklopca na jakoj vatri 5-6 minuta dok ne postane glatka i gusta, miješajući svaku minutu. Pomiješajte sve preostale sastojke. Kuhajte nepoklopljenu cijelu 1½-2 minute, dva puta miješajući, dok se ne zagrije.

Juha od rakova i limuna

Služi 4

Pripremite kao juhu od rakova, ali u preostale sastojke dodajte 5 ml/1 žličicu sitno naribane limunove korice. Svaki dio pospite s malo ribanog muškatnog oraščića.

Biskvit od jastoga

Služi 4

Pripremite kao juhu od rakova, ali umjesto mesa rakova mlijeko zamijenite jednim (laganim) vrhnjem i nasjeckanim mesom jastoga.

Paket sušene juhe

Ulijte sadržaj pakiranja u posudu od 1,25 litara/2¼ pt/5½ šalice. Postupno ulijevajte preporučenu količinu hladne vode. Poklopite i ostavite sa strane 20 minuta da povrće omekša. Pomiješajte. Poklopiti tanjurom i kuhati 6-8 minuta uz dva puta miješanje dok juha ne zakipi i ne zgusne se. Ostavite 3 minute. Promiješajte i poslužite.

Kondenzirana juha iz konzerve

Ulijte juhu u mjerni vrč od 1,25 litara/2¼ pt/5½ šalice. Dodajte 1 limenku kipuće vode i dobro promiješajte. Pokrijte tanjurom ili tanjurićem i kuhajte do kraja 6-7 minuta, dva puta miješajući, dok juha ne zakipi. Prebacite u zdjelice i poslužite.

Podgrijavanje juha

Za dobre rezultate, podgrijte bistre ili rijetke juhe u načinu Puno, a kremaste juhe i juhe u načinu Odmrzavanje.

Zagrijavanje jaja za kuhanje

Neprocjenjivo ako se odlučite za pečenje u zadnji čas i trebate jaja na sobnoj temperaturi.

Za jedno jaje: razbijte jaje u malu posudu ili čašu. Žumanjak dva puta probodite čačkalicom ili vrhom noža da kožica ne pukne i žumanjak ne eksplodira. Posudu ili čašu pokrijte tanjurićem. Zagrijte tijekom odmrzavanja 30 sekundi.

Za 2 jaja: kao jedno jaje, ali vruće 30-45 sekundi.

Za 3 jaja: kao jedno jaje, ali vruće 1-1¼ minute.

Pečena jaja

Najbolje ih je kuhati pojedinačno u vlastitom posuđu.

Za jedno jaje: ulijte 90 ml/6 žlica vruće vode u plitku posudu. Dodajte 2,5 ml / ½ žličice laganog octa kako biste spriječili razlijevanje bjelanjaka. Pažljivo gurnite jedno jaje, prvo razbijeno, u čašu. Žumanjak dva puta probodite čačkalicom ili vrhom noža. Pokrijte tanjurom i kuhajte cijele 45 sekundi – 1¼ minute, ovisno o tome koliko čvrste proteine volite. Pustite da odstoji minutu. Izvadite iz posude s dijelom probušene ribe.

Za 2 jaja kuhana u 2 posude u isto vrijeme: potpuno kuhajte 1½ minute. Ostavite 1¼ minute. Ako je bjelanjak prerijedak, kuhajte još 15-20 sekundi.

Za 3 jaja kuhana u 3 posude u isto vrijeme: kuhajte cijele 2–2½ minute. Ostavite 2 minute. Ako je bjelanjak prerijedak, kuhajte još 20-30 sekundi.

Pržena jaja (Kraljevstva).

Mikrovalna pećnica ovdje radi odlično i jaja ispadnu mekana i nježna, uvijek osunčane strane prema gore i s bijelim rubom koji se nikad ne lijepi. Ne preporuča se pržiti više od 2 jaja odjednom jer se žumanjak brže kuha od bjelanjaka i stvrdne. To je zbog dužeg vremena kuhanja potrebnog za postavljanje bijelog. Koristite porculan ili keramiku bez ikakvih tragova ukrasa, kao što se to radi u Francuskoj.

Za jedno jaje: mali porculanski ili glineni kist s otopljenim maslacem, margarinom ili malo maslinovog ulja. Razbijte jaje u čašu, a zatim ga ubacite u pripremljenu posudu. Žumanjak dva puta probodite čačkalicom ili vrhom noža. Lagano pospite solju i svježe mljevenim crnim paprom. Pokrijte tanjurom i kuhajte 30 sekundi. Pustite da odstoji minutu. Nastavite kuhati još 15-20 sekundi. Ako se bjelanjak nije dovoljno stvrdnuo, kuhajte još 5-10 sekundi.

Za 2 jaja: kao jedno jaje, ali prvo kuhajte cijelo 1 minutu, pa ostavite sa strane 1 minutu. Kuhajte još 20-40 sekundi. Ako bijela nije dovoljno postavljena, pričekajte još 6-8 sekundi.

Piperada

Služi 4

30 ml / 2 žlice maslinovog ulja
3 glavice luka narezati na vrlo tanke ploške
2 zelene paprike (zrnaste), očišćene od sjemenki i sitno nasjeckane
6 rajčica, blanširanih, oguljenih, sjemenki i nasjeckanih
15 ml/1 žlica nasjeckanih listova bosiljka
Sol i svježe mljeveni crni papar
6 velikih jaja

60 ml/4 žlice duple kreme (gustine).
Tost, za posluživanje

U duboku posudu promjera 25 cm/10 ulijte ulje i zagrijte ga nepoklopljeno minutu. Pomiješajte s lukom i paprikom. Poklopite tanjurom i kuhajte dok se ne odledi 12-14 minuta dok povrće ne omekša. Pomiješajte s rajčicama i bosiljkom te začinite po želji. Poklopite kao i prije i kuhajte 3 minute. Jaja pomiješajte s vrhnjem i začinite po želji. Prebaciti u posudu i sjediniti sa povrćem. Kuhajte bez poklopca na jakoj vatri 4-5 minuta dok lagano ne porumene, miješajući svaku minutu. Pokrijte i ostavite 3 minute prije posluživanja s hrskavim krutonima.

Piperade s Gammon

Služi 4

Pripremite kao Piperade, ali žlicom stavljajte na dijelove prženog kruha (pirjajte) i na svaki stavite grilanu (pečenu) ili pečenu u mikrovalnoj krišku gamuna.

Piperada

Služi 4

Španjolska verzija Piperadea.

Pripremite kao Piperade, ali u kuhano povrće dodajte 2 zgnječena češnja češnjaka s lukom i zelenom paprikom te dodajte 125 g grubo nasjeckane šunke. Svaku porciju ukrasite narezanim maslinama.

Jaja firentinska

Služi 4

450 g svježe kuhanog špinata
60 ml / 4 žlice vrhnja za šlag
4 poširana jaja, kuhana po 2 odjednom
300 ml/½ kom/1¼ šalice umaka od sira ili Mornay umaka
50 g / 2 oz / ½ šalice ribanog sira

Pomiješajte špinat i vrhnje u multipraktiku ili blenderu. Stavite u plitku vatrostalnu posudu promjera 18 cm namazanu maslacem. Pokrijte tanjurom i zagrijavajte na najvećoj snazi 1,5 minutu. Na vrh stavite jaja i prelijte ih vrućim umakom. Pospite sirom i cimetom ispod vrućeg roštilja (broilera).

Pržena jaja Rosini

POSLUŽUJE 1

To je elegantan međuobrok s lisnatom salatom.

Kriške pšeničnog kruha pržite (popržite) ili tostirajte bez korice. Premažite glatkom jetrenom paštetom koja sadrži, ako troškovi dopuštaju, malo tartufa. Ukrasite svježe poširanim jajetom i odmah poslužite.

Patlidžani Kajgana

Služi 4

Izraelska ideja koja dobro funkcionira u mikrovalnoj pećnici. Okus je neobično jak.

750 g/1½ lb patlidžana (patlidžan)
15 ml/1 žlica soka od limuna
15 ml/1 žlica kukuruznog ili suncokretovog ulja
2 glavice luka sitno nasjeckane
2 češnja češnjaka, zgnječena
4 velika jaja
60 ml/4 žlice mlijeka
Sol i svježe mljeveni crni papar
Topli tost s maslacem, za posluživanje

Ogulite vrh i rep patlidžana i prepolovite ih po dužini. Stavite na veliki tanjur, prerezanom stranom prema dolje i prekrijte kuhinjskim papirom. Kuhajte cijele 8-9 minuta ili dok ne omekšaju. Uklonite meso s kožica izravno u kuhinjski procesor s limunovim sokom i pomiješajte u gust pire. Stavite ulje u lonac od 1,5 litara/2½ pt/6 šalica. Zagrijte, nepokrivene, cijele 30 sekundi. Promiješajte luk i češnjak. Kuhajte potpuno nepoklopljeno 5 minuta. Umutiti jaja s mlijekom i dobro izmiješati po ukusu. Izlijte u posudu i pržite s lukom i češnjakom na jakoj vatri 2 minute, miješajući svakih 30 sekundi. Pomiješajte luk s češnjakom i dodajte pire od patlidžana. Nastavite kuhati nepoklopljeno na najjačoj vatri 3-4 minute, miješajući svakih 30 sekundi, dok se smjesa ne zgusne i jaja ne stisnu. Poslužite na toplom tostu namazanom maslacem.

Klasični omlet

Služi 1

Omlet lagane konzistencije koji se može poslužiti običan ili s nadjevom.

Otopljeni maslac ili margarin
3 jaja
20 ml/4 žličice soli
Svježe mljeveni crni papar
30 ml / 2 žlice hladne vode
Peršin ili potočarka za ukras

Plitku posudu promjera 20 cm premazati otopljenim maslacem ili margarinom. Jaja dobro umutiti sa svim ostalim sastojcima osim ukrasa. (Nije dovoljno lagano razbiti jaja, kao kod tradicionalnog omleta.) Izlijte u posudu, poklopite tanjurom i stavite u mikrovalnu. Kuhajte potpuno 1½ minute. Otkrijte i lagano promiješajte smjesu jaja drvenom žlicom ili vilicom, gurajući djelomično očvrsnute rubove prema sredini. Pokrijte kao prije i vratite u mikrovalnu. Kuhajte potpuno 1½ minute. Otklopite i nastavite kuhati 30-60 sekundi ili dok se vrh ne stegne. Presavijte na trećine i stavite na zagrijani tanjur. Ukrasite i odmah poslužite.

Aromatizirani omleti

Služi 1

Omlet od peršina: pripremite kao klasični omlet, ali 1,5 min nakon kuhanja jaja pospite s 30 ml/2 žlice nasjeckanog peršina.

Omlet od vlasca: pripremite kao klasični omlet, ali dodajte jaja s 30 ml/2 žlice nasjeckanog vlasca nakon prve 1,5 minute kuhanja.

Omlet od potočarke: pripremite kao klasični omlet, ali nakon prve 1,5 minute jaja pospite s 30 ml/2 žlice nasjeckane kreše.

Omlet s finim začinskim biljem: pripremite kao klasični omlet, ali nakon 1½ minute kuhanja jaja namažite mješavinom od 45 ml/3 žlice nasjeckanog peršina, červila i bosiljka. Možete dodati malo svježeg estragona.

Svježeni omlet s cilantrom: pripremite kao klasični omlet, ali umutite jaja i vodu s 5-10 ml/1-2 žličice curryja, soli i papra. Pospite jaja s 30 ml/2 žlice nasjeckanog cilantra (korijandera) nakon što se omlet kuhao prve 1,5 minute.

Omlet sa sirom i senfom: pripremite kao klasični omlet, ali jaja i vodu umutite s 5 ml/1 žličicom pripremljenog senfa i 30 ml/2 žlice vrlo sitno ribanog tvrdog sira dobrog okusa, uz sol i papar.

Omlet za doručak

Poslužuje 1–2

Omlet u sjevernoameričkom stilu, koji se tradicionalno poslužuje za nedjeljni doručak. Brunch omlet može biti aromatičan i zasitan kao klasični omlet.

Pripremite kao klasični omlet, ali 45 ml/3 žlice hladnog mlijeka zamijenite s 30 ml/2 žlice vode. Nakon što se otkrije, kuhajte 1-1½ minute. Presavijte na trećine i pažljivo stavite na tanjur.

Poširana jaja sa topljenim sirom

Služi 1

1 kriška toplog tosta s maslacem
45 ml/3 žlice svježeg sira
Kečap od rajčice (catsup)
1 pečeno jaje
60-75 ml / 4-5 žlica naribanog sira
Papar

Tost namažite svježim sirom, a zatim kečapom od rajčice. Stavite na tanjur. Na to staviti poširano jaje, posuti naribanim sirom i posuti paprikom. Zagrijte bez poklopca u načinu odmrzavanja 1-1½ minute dok se sir ne počne topiti. Jedite odmah.

Jaja Benedikt

Poslužuje 1–2

Nijedan nedjeljni brunch u Sjevernoj Americi nije potpun bez Eggs Benedict, bogate mješavine jaja koja prkosi svim ograničenjima kalorija i kolesterola.

Podijelite i ispecite muffin ili bap. Na vrh stavite krišku lagano pečene konvencionalne (pečene) slanine, a zatim na obje polovice nanesite svježe poširano jaje. Prelijte ga holandskim umakom pa pospite paprikom. Jedite odmah.

Omlet s Arnoldom Bennettom

Služi 2

Navodno kreiran od strane kuhara londonskog hotela Savoy u čast slavnog pisca, monumentalan je i nezaboravan omlet za svaki važan dan i praznik.

175 g fileta dimljene bakalara ili bakalara
45 ml/3 žlice kipuće vode
120 ml/4 fl oz/½ šalice crème fraîche
Svježe mljeveni crni papar
Otopljeni maslac ili margarin za premazivanje
3 jaja
45 ml/3 žlice hladnog mlijeka
Prstohvat soli
50 g/½ šalice obojenog Cheddar ili Red Leicester sira, naribanog

Stavite ribu u plitku posudu s vodom. Pokrijte tanjurom i kuhajte do kraja 5 minuta. Ostavite 2 minute. Meso ocijedite i natrgajte vilicom. Dodajte crème fraîche i začinite paprom po ukusu. Plitku posudu promjera 20 cm premazati otopljenim maslacem ili margarinom. Jaja dobro umutite s mlijekom i soli. Izlijte u posudu. Poklopite tanjurom i kuhajte točno 3 minute, a rubove posude na pola kuhanja gurnite prema sredini. Otklopite i kuhajte na jakoj vatri još 30 sekundi. Premažite smjesom riba-krema i pospite sirom. Kuhajte bez poklopca 1-1½ minute, dok omlet ne bude vruć i dok se sir ne otopi. Podijelite na dva dijela i poslužite odmah.

tortilja

Služi 2

Poznati španjolski omlet okrugao je i pljosnat poput palačinke. Praktično se slaže s komadićima kruha ili pecivima i hrskavom zelenom salatom.

15 ml/1 žlica maslaca, margarina ili maslinovog ulja
1 glavica luka sitno nasjeckana
175 g kuhanog krumpira narezanog na kockice
3 jaja
5 ml/1 žličica soli
30 ml / 2 žlice hladne vode

U duboku posudu promjera 20 cm/8 stavite maslac, margarin ili ulje. Zagrijte u načinu odmrzavanja 30-45 sekundi. Promiješajte luk.

Pokrijte tanjurom i kuhajte dok se ne odledi 2 minute. Umiješajte krumpir. Poklopite kao i prije i kuhajte minutu. Izvadite iz mikrovalne pećnice. Jaja dobro umutiti sa soli i vodom. Ravnomjerno preliti preko luka i krumpira. Kuhajte potpuno nepoklopljeno 4,5 minute, jednom okrećući lonac. Ostavite na minutu, zatim podijelite na dva dijela i svaki dio stavite na tanjur. Jedite odmah.

Španjolski omlet s miješanim povrćem

Služi 2

30 ml/2 žlice maslaca, margarina ili maslinovog ulja
1 glavica luka sitno nasjeckana
2 rajčice, oguljene i nasjeckane
½ male zelene ili crvene paprike, sitno nasjeckane
3 jaja
5–7,5 ml/1–1½ žličice soli
30 ml / 2 žlice hladne vode

U duboku posudu promjera 20 cm/8 stavite maslac, margarin ili ulje. Zagrijte u načinu odmrzavanja 1½ minute. Pomiješajte luk, rajčicu i nasjeckanu papriku. Pokrijte tanjurom i kuhajte na načinu odmrzavanja 6-7 minuta dok ne omekša. Jaja dobro umutiti sa soli i vodom. Ravnomjerno preliti preko povrća. Poklopite tanjurom i kuhajte na jakoj vatri 5-6 minuta dok se jaja ne stegne, okrećući lonac jednom. Podijeliti na dva dijela i svaki dio staviti na tanjir. Jedite odmah.

Španjolski omlet sa šunkom

Služi 2

Pripremite kao španjolski omlet s miješanim povrćem, ali u povrće dodajte 60 ml/4 žlice grubo nasjeckane sušene španjolske šunke i 1-2 zgnječena češnja češnjaka te kuhajte još 30 sekundi.

Jaja od sira u umaku od celera

Služi 4

Kratki tanjur za ručak ili večeru koji daje dovoljno obroka za vegetarijance.

6 većih tvrdo kuhanih jaja (tvrdo kuhanih), oguljenih i prepolovljenih
300 ml/10 tečnih oz/1 konzerva kondenzirane juhe od celera
45 ml/3 žlice punomasnog mlijeka
175 g/6 oz/1½ šalice cheddar sira, naribanog
30 ml/2 žlice sitno nasjeckanog peršina
Sol i svježe mljeveni crni papar
15 ml/1 žlica prepržehih krušnih mrvica

2,5 ml/½ žličice paprike

Polovice jaja stavite u duboku posudu promjera 20 cm/8. U posebnoj posudi ili posudi lagano pomiješajte juhu i mlijeko. Zagrijte nepoklopljeno na visokoj vatri 4 minute, miješajući svaku minutu. Umiješajte polovicu sira i zagrijavajte bez poklopca na jakoj vatri 1-1½ minute dok se ne otopi. Pomiješajte s peršinom, začinite po želji, pa dodajte jaja. Pospite preostalim sirom, prezlama i paprikom. Prije posluživanja zapržite pod vrućim roštiljem (broileri).

Fu Yung lopte

Služi 2

5 ml/1 žlica maslaca, margarina ili kukuruznog ulja
1 glavica luka sitno nasjeckana
30 ml/2 žlice kuhanog graška
30 ml / 2 žlice kuhanih ili konzerviranih izdanaka graha
125 g gljiva, narezanih na ploške
3 velika jaja
2,5 ml / ½ žličice soli
30 ml / 2 žlice hladne vode
5 ml/1 žličica soja umaka
4 mlada luka (ljutka), sitno nasjeckana

Stavite maslac, margarin ili ulje u duboku posudu promjera 20 cm/8 i zagrijte nepoklopljeno jednu minutu u načinu rada za odmrzavanje. Umiješajte nasjeckani luk, poklopite tanjurom i pržite na jakoj vatri 2 minute. Umiješajte grašak, klice graha i gljive. Poklopite kao i prije i kuhajte 1,5 minutu. Izvadite iz mikrovalne i promiješajte. Jaja dobro umutite sa soli, vodom i soja umakom. Ravnomjerno preliti preko povrća. Kuhajte otklopljeno na visokoj temperaturi 5 minuta, okrećući dva puta. Pustite da odstoji minutu. Podijelite na dva dijela i svaki stavite na zagrijani tanjur. Ukrasite mladim lukom i odmah poslužite.

Pizza omlet

Služi 2

Inovativna pizza s ravnim omletom na dnu umjesto dizanog tijesta.

15 ml/1 žlica maslinovog ulja
3 velika jaja
45 ml/3 žlice mlijeka
2,5 ml / ½ žličice soli
4 rajčice, oguljene, očišćene od koštice i nasjeckane
125 g/1 šalica Mozzarella sira, naribanog
8 konzerviranih inćuna u ulju
8–12 crnih maslina (bez koštica) s košticom.

Stavite ulje u duboki lonac promjera 20 cm/8 i zagrijavajte nepoklopljeno jednu minutu u načinu rada za odmrzavanje. Jaja dobro umutiti s mlijekom i soli. Izlijte u posudu i poklopite tanjurom. Kuhajte 3 minute, pomaknite rubove lonca prema sredini lonca na pola kuhanja. Otklopite i kuhajte na jakoj vatri još 30 sekundi. Premažite rajčicama i sirom, ukrasite inćunima i maslinama. Kuhajte nepoklopljeno na jakoj vatri 4 minute, okrećući dva puta. Podijelite na dva dijela i odmah poslužite.

Soufflé omlet

Služi 2

45 ml/3 žlice džema (iz konzerve)
Šećer u prahu (konditorski).
Topljeni maslac
3 kapi soka od limuna
3 velika jaja, odvojena
15 ml/1 žlica šećera u prahu (jako sitnog).

Pekmez premjestite u manji tanjir ili čašu. Pokrijte tanjurićem i zagrijavajte na odmrzavanju 1,5 minute. Pažljivo izvadite iz mikrovalne, ostavite poklopljeno i ostavite sa strane. Veliki lim papira za pečenje (voštanog) prekrijte prosijanim šećerom u prahu. Dublju posudu promjera 25 cm/10 namazati otopljenim maslacem. U bjelanjke dodajte sok od limuna i tucite dok ne dobijete vrhove. Žumanjcima dodajte šećer u prahu i tucite dok ne postane gusto, svijetlo i kremasto. Polako umiješajte tučene bjelanjke u žumanjke dok smjesa ne postane glatka i ravnomjerna. Žlicom stavljati u pripremljeno jelo. Kuhajte potpuno nepoklopljeno 3,5 minute. Prevrnuti na papir posut šećerom, nožem napraviti crtu po sredini i polovicu omleta premazati vrućim pekmezom. Nježno presavijte na pola, prerežite na dva dijela i odmah pojedite.

Soufflé omlet od limuna

Služi 2

Pripremite kao u slučaju soufflé omleta, ali u umućene žumanjke i šećer dodajte 5 ml/1 žličicu sitno naribane limunove korice.

Soufflé omlet od naranče

Služi 2

Pripremite kao za Soufflé omlet, ali u umućene žumanjke i šećer dodajte 5 ml/1 žličicu sitno naribane narančine korice.

Soufflé s omletom od badema i marelica

Služi 2

Pripremite kao Soufflé omlet, ali dodajte 2,5 ml/½ čajne žličice esencije (ekstrakta) badema u umućene žumanjke i šećer. Puniti glatkim, ugrijanim džemom od marelica (čuvanih).

Soufflé omlet od malina

Služi 2

Pripremite kao u slučaju soufflé omleta, ali u umućene žumanjke i šećer dodajte 2,5 ml/½ žličice esencije (ekstrakta) vanilije. Napunite sa 45-60 ml/3-4 žlice krupno samljevenih malina pomiješanih sa šećerom u prahu (slastičarski) po ukusu i malo kirscha ili gina.

Soufflé omlet od jagoda

Služi 2

Pripremite kao u slučaju soufflé omleta, ali u umućene žumanjke i šećer dodajte 2,5 ml/½ žličice esencije (ekstrakta) vanilije. Napunite sa 45-60 ml/3-4 žlice tanko narezanih jagoda pomiješanih sa šećerom u prahu (slastičarski) po ukusu i 15 ml/1 žlica likera od čokolade ili naranče.

Soufflé omlet s dodacima

Služi 2

Pripremite kao za soufflé omlet, ali umjesto da omlet preklopite i prepolovite, ostavite ga ravnim i prerežite na dva dijela. Svaku premjestite na tanjur i pospite zagrijanim pirjanim voćem ili voćnom kašom. Poslužite odmah.

Jaja pečena sa vrhnjem

Služi 1

Ovaj način pripreme jaja vrlo je cijenjen u Francuskoj, gdje se naziva oeufs en cocotte. Ovo je svakako vrhunsko predjelo za zabavu, ali čini i elegantan obrok s tostom ili krekerima i zelenom salatom. Za uspjeh se preporuča kuhati jedno po jedno jaje u posebnom loncu.

1 jaje
Sol i svježe mljeveni crni papar
15 ml/1 žlica duplog (gustog) vrhnja ili crème fraîche
5 ml/1 žličica vrlo sitno nasjeckanog peršina, vlasca ili korijandera

Otopljenim maslacem ili margarinom premažite malu posudu za pečenje ramekina (čaša za kremu) ili jednu posudu za soufflé. Lagano razbijte jaje i dva puta čačkalicom ili vrhom noža dodajte žumanjak. Dobro začiniti po želji. Prelijte vrhnjem i pospite začinskim biljem. Pokrijte tanjurićem i kuhajte dok se ne odmrzne 3 minute. Ostavite minutu prije jela.

Napolitansko pečenje od jaja

Služi 1

Pripremite kao kremasto pečeno jaje, ali jaje premažite s 15 ml/1 žlicom passate (propasirane rajčice) i dvije crne masline ili sitno nasjeckanim kaparima.

Fondue od sira

Poslužuje 6

Fondue od sira rođen u Švicarskoj omiljen je nakon skijanja u alpskim odmaralištima ili bilo gdje drugdje s dubokim snijegom na visokim vrhovima. Umakanje kruha u zajednički lonac s aromatičnim topljenim sirom jedan je od najdruštvenijih, zabavnih i opuštajućih načina uživanja u obroku s prijateljima, a nema boljeg kuhinjskog pomoćnika od mikrovalne pećnice. Poslužite uz male Kirsch kolačiće i šalice vrućeg čaja s limunom za autentičnu atmosferu.

1-2 češnja češnjaka, oguljena i prerezana na pola
175 g/6 oz/1½ šalice sira Emmentaler, naribanog
450 g/1 lb/4 šalice Gruyère (švicarskog) sira, naribanog
15 ml/1 žlica kukuruznog brašna
300 ml/½ pt/1¼ šalice Mosel vina
5 ml/1 žličica soka od limuna
30 ml/2 žlice kirša
Sol i svježe mljeveni crni papar

Francuski kruh izrezan na kockice, za umakanje

Pritisnite odrezane strane polovica češnjaka uz stijenke duboke staklene posude od 2,5 litre ili glinene posude. Alternativno, za jači okus, zgnječite češnjak izravno u lonac. Dodajte dva sira, kukuruzni škrob, vino i limunov sok. Kuhajte nepoklopljeno na jakoj vatri 7-9 minuta uz miješanje četiri puta dok se fondue ne počne polako zgušnjavati. Izvadite iz mikrovalne i umiješajte Kirsch. Dobro začiniti po želji. Posudu stavite na stol i jedite tako da kockicu kruha stavite na dugačku vilicu za fondue, pomiješate je sa smjesom od sira, a potom izvadite.

Fondue s jabukovačom

Poslužuje 6

Pripremite kao fondue od sira, ali zamijenite suhi cider vinom i calvadosom umjesto kirschom, a za umakanje poslužite kockice jabuke s crvenom korom i kockice kruha.

Fondue sa sokom od jabuke

Poslužuje 6

Bezalkoholni fondue slatkastog okusa, pogodan za ljude svih dobi.

Pripremite kao fondue od sira, ali zamijenite vino sokom od jabuke i izostavite Kirsch. Po potrebi razrijediti s malo tople vode.

Ružičasti fondue

Poslužuje 6

Pripremite kao fondue od sira, ali 200 g bijelog Cheshire, Lancashire i Caerphilly sira zamijenite Emmentalcem i Gruyère (švicarskim) sirom, a bijelo vino roséom.

Dimljeni fondue

Poslužuje 6

Pripremite kao fondue od sira, ali zamijenite polovicu Gruyère (švicarskog) sira s 200g/7oz/1¾ šalice dimljenog sira. Količina ementalera nije se mijenjala.

njemački pivski fondue

Poslužuje 6

Pripremite kao fondue od sira, ali pivo zamijenite vinom, a rakiju Kirschom.

Fondu s vatrom

Poslužuje 6

Pripremite kao fondue od sira, ali odmah nakon kukuruznog brašna (kukuruznog škroba) dodajte 2-3 crvena papričice bez sjemenki i vrlo sitno nasjeckane.

Tretira fondue

Poslužuje 6

Pripremite kao Fondue od sira, ali siru dodajte 10-15 ml/2-3 žličice blage curry paste i Kirsch zamijenite votkom. Za umakanje koristite komade zagrijanog indijskog kruha.

fondi

Poslužuje 4–6

Talijanska verzija fonduea od sira, preslatka.

Pripremite kao fondue od sira, ali zamijenite talijanski sir Fontina za sir Gruyère (švicarski) i ementalac, talijansko suho bijelo vino Mosel i Kirsch marsala.

Fondue od sira i rajčice

Poslužuje 4–6

225 g/2 šalice zrelog Cheddar sira, naribanog
125 g/4 oz/1 šalica Lancashire ili Wensleydale sira, izmrvljenog
300 ml/10 tečnih oz/1 limenka kondenzirane juhe od rajčice
10 ml/2 žličice Worcestershire umaka
Malo umaka od ljutih papričica
45 ml/3 žlice suhog šerija
Zagrijani ciabatta kruh, za posluživanje

Stavite sve sastojke osim šerija u staklenu ili glinenu posudu od 1,25 litara. Kuhajte nepoklopljeno na načinu odmrzavanja 7-9 minuta, miješajući tri ili četiri puta, dok se fondue ne zgusne. Izvadite iz mikrovalne i umiješajte šeri. Poslužite s kriškama toplog ciabatta kruha.

Fondue od sira

Poslužuje 6

Fondue od sira rođen u Švicarskoj omiljen je nakon skijanja u alpskim odmaralištima ili bilo gdje drugdje s dubokim snijegom na visokim vrhovima. Umakanje kruha u zajednički lonac s aromatičnim topljenim sirom jedan je od najdruštvenijih, zabavnih i opuštajućih načina uživanja u obroku s prijateljima, a nema boljeg kuhinjskog pomoćnika od mikrovalne pećnice. Poslužite uz male Kirsch kolačiće i šalice vrućeg čaja s limunom za autentičnu atmosferu.

1-2 češnja češnjaka, oguljena i prerezana na pola
175 g/6 oz/1½ šalice sira Emmentaler, naribanog
450 g/1 lb/4 šalice Gruyère (švicarskog) sira, naribanog
15 ml/1 žlica kukuruznog brašna
300 ml/½ pt/1¼ šalice Mosel vina
5 ml/1 žličica soka od limuna
30 ml/2 žlice kirša
Sol i svježe mljeveni crni papar
Francuski kruh izrezan na kockice, za umakanje

Pritisnite odrezane strane polovica češnjaka uz stijenke duboke staklene posude od 2,5 litre ili glinene posude. Alternativno, za jači okus, zgnječite češnjak izravno u lonac. Dodajte dva sira, kukuruzni škrob, vino i limunov sok. Kuhajte nepoklopljeno na jakoj vatri 7-9 minuta uz miješanje četiri puta dok se fondue ne počne polako zgušnjavati. Izvadite iz mikrovalne i umiješajte Kirsch. Dobro začiniti po želji. Posudu stavite na stol i jedite tako da kockicu kruha stavite na dugačku vilicu za fondue, pomiješate je sa smjesom od sira, a potom izvadite.

Fondue s jabukovačom

Poslužuje 6

Pripremite kao fondue od sira, ali zamijenite suhi cider vinom i calvadosom umjesto kirschom, a za umakanje poslužite kockice jabuke s crvenom korom i kockice kruha.

Fondue sa sokom od jabuke

Poslužuje 6

Bezalkoholni fondue slatkastog okusa, pogodan za ljude svih dobi.

Pripremite kao fondue od sira, ali zamijenite vino sokom od jabuke i izostavite Kirsch. Po potrebi razrijediti s malo tople vode.

Ružičasti fondue

Poslužuje 6

Pripremite kao fondue od sira, ali 200 g bijelog Cheshire, Lancashire i Caerphilly sira zamijenite Emmentalcem i Gruyère (švicarskim) sirom, a bijelo vino roséom.

Dimljeni fondue

Poslužuje 6

Pripremite kao fondue od sira, ali zamijenite polovicu Gruyère (švicarskog) sira s 200g/7oz/1¾ šalice dimljenog sira. Količina ementalera nije se mijenjala.

njemački pivski fondue

Poslužuje 6

Pripremite kao fondue od sira, ali pivo zamijenite vinom, a rakiju Kirschom.

Fondu s vatrom

Poslužuje 6

Pripremite kao fondue od sira, ali odmah nakon kukuruznog brašna (kukuruznog škroba) dodajte 2-3 crvena papričice bez sjemenki i vrlo sitno nasjeckane.

Tretira fondue

Poslužuje 6

Pripremite kao Fondue od sira, ali siru dodajte 10-15 ml/2-3 žličice blage curry paste i Kirsch zamijenite votkom. Za umakanje koristite komade zagrijanog indijskog kruha.

fondi

Poslužuje 4–6

Talijanska verzija fonduea od sira, preslatka.

Pripremite kao fondue od sira, ali zamijenite talijanski sir Fontina za sir Gruyère (švicarski) i ementalac, talijansko suho bijelo vino Mosel i Kirsch marsala.

Fondue od sira i rajčice

Poslužuje 4–6

225 g/2 šalice zrelog Cheddar sira, naribanog
125 g/4 oz/1 šalica Lancashire ili Wensleydale sira, izmrvljenog
300 ml/10 tečnih oz/1 limenka kondenzirane juhe od rajčice
10 ml/2 žličice Worcestershire umaka
Malo umaka od ljutih papričica
45 ml/3 žlice suhog šerija
Zagrijani ciabatta kruh, za posluživanje

Stavite sve sastojke osim šerija u staklenu ili glinenu posudu od 1,25 litara. Kuhajte nepoklopljeno na načinu odmrzavanja 7-9 minuta, miješajući tri ili četiri puta, dok se fondue ne zgusne. Izvadite iz mikrovalne i umiješajte šeri. Poslužite s kriškama toplog ciabatta kruha.

Mock fondue sa sirom i celerom

Poslužuje 4–6

Pripremite kao Mock Cheese i fondue od rajčice, ali zamijenite juhu od rajčice kondenziranom juhom od celera i začinite džinom umjesto šerijem.

Talijanski fondue od sira, vrhnja i jaja

Poslužuje 4–6

1 češanj češnjaka, zgnječen
50 g neslanog (slatkog) maslaca na kuhinjskoj temperaturi
450 g/1 lb/4 šalice Fontina sira, naribanog
60 ml/4 žlice kukuruznog brašna
300 ml/½ pt/1¼ šalice mlijeka
2,5 ml/½ čajne žličice naribanog muškatnog oraščića
Sol i svježe mljeveni crni papar
150 ml/¼ pt/2/3 šalice vrhnja za šlag
2 jaja, istučena
Narezani talijanski kruh, za posluživanje

Stavite češnjak, maslac, sir, kukuruzno brašno, mlijeko i muškatni oraščić u duboku staklenu ili glinenu posudu od 2,5 litre. Začiniti po želji. Kuhajte nepoklopljeno na jakoj vatri 7-9 minuta uz miješanje četiri puta dok se fondue ne počne polako zgušnjavati. Izvadite iz mikrovalne i pomiješajte s kremom. Kuhajte potpuno nepoklopljeno 1 minutu. Izvadite iz mikrovalne i postupno umiješajte jaja. Poslužite s talijanskim kruhom za umakanje.

Nizozemski seoski fondue

Poslužuje 4–6

Mekan i nježan fondue, dovoljno lagan za djecu.

1 češanj češnjaka, zgnječen
15 ml/1 žlica maslaca
450 g/1 lb/4 šalice ribanog Gouda sira
15 ml/1 žlica kukuruznog brašna
20 ml/4 žličice senfa u prahu
Prstohvat naribanog muškatnog oraščića
300 ml/½ pt/1¼ šalice punomasnog mlijeka
Sol i svježe mljeveni crni papar
Kockice kruha za posluživanje

Sve sastojke stavite u duboku staklenu ili glinenu posudu od 2,5 litre i dobro začinite po želji. Kuhajte nepoklopljeno na jakoj vatri 7-9 minuta uz miješanje četiri puta dok se fondue ne počne polako zgušnjavati. Posudu stavite na stol i jedite tako da kockicu kruha stavite na dugačku vilicu za fondue, pomiješate je sa smjesom od sira, a potom izvadite.

Country fondue s malo kicka

Poslužuje 4–6

Pripremite kao nizozemski seoski fondue, ali nakon kuhanja dodajte 30-45 ml/2-3 žlice Genevera (nizozemski gin).

Pečena jaja u stilu flamenka

Služi 1

Otopljeni maslac ili margarin
1 manja rajčica, oguljena, očišćena od koštice i nasjeckana
2 mlada luka (ljutka), nasjeckana
1-2 punjene masline nasjeckane
5 ml/1 žličica ulja
15 ml/1 žlica kuhane šunke, sitno nasjeckane
1 jaje
Sol i svježe mljeveni crni papar
15 ml/1 žlica duplog (gustog) vrhnja ili crème fraîche
5 ml/1 žličica vrlo sitno nasjeckanog peršina, vlasca ili korijandera

Otopljenim maslacem ili margarinom premažite malu posudu za pečenje ramekina (čaša za kremu) ili jednu posudu za soufflé. Dodajte rajčice, mladi luk, masline, maslinovo ulje i šunku. Pokrijte tanjurićem i zagrijte minutu. Lagano razbijte jaje i dva puta čačkalicom ili vrhom noža dodajte žumanjak. Dobro začiniti po želji. Prelijte vrhnjem i pospite začinskim biljem. Pokrijte kao prije i kuhajte u načinu odmrzavanja 3 minute. Ostavite minutu prije jela.

Puding od kruha i maslaca sa sirom i peršinom

Poslužuje 4–6

4 velike kriške bijelog kruha
50 g maslaca na kuhinjskoj temperaturi
175g/6oz/1½ šalice narančastog cheddar sira
45 ml/3 žlice nasjeckanog peršina
600 ml/1 porcija/2½ šalice hladnog mlijeka
3 jaja
5 ml/1 žličica soli
Papar

Kruh namažite maslacem i svaku krišku izrežite na četiri kvadrata. Premažite maslacem posudu od 1,75 litara/3 porcije/7½ šalica. Stavite polovicu kvadratića kruha, s maslacem prema gore, na dno posude. Pospite sa dvije trećine sira i sav peršin. Stavite preostali kruh na vrh, s maslacem prema gore. Ulijte mlijeko u vrč i zagrijavajte bez poklopca 3 minute. Istucite jaja dok ne postanu pjenasta, a zatim postupno dodajte mlijeko. Umiješajte sol. Polako ulijevajte u kruh i maslac. Odozgo pospite preostalim sirom i pospite paprikom. Pokrijte kuhinjskim papirom i kuhajte na režimu odmrzavanja 30 minuta. Ostavite 5 minuta, a zatim zapecite pod vrućim roštiljem (broileri) ako želite, prije posluživanja.

Puding od kruha i maslaca od sira i peršina s indijskim oraščićima

Poslužuje 4–6

Pripremite kao kruh s maslacem, sirom i peršinom, ali u sir i peršin dodajte 45 ml/3 žlice indijskih oraščića, poprženih i krupno nasjeckanih.

Puding od kruha i maslaca s četiri sira

Poslužuje 4–6

Pripremite kao puding od kruha i maslaca od sira i peršina, ali koristite mješavinu ribanog cheddara, edamera, crvenog leicestera i izmrvljenog stilton sira. Peršin zamijenite četiri nasjeckane ukiseljene glavice luka.

Palačinke od sira i jaja

Služi 4

300 ml/10 tečnih oz/1 limenka kondenzirane juhe od gljiva
45 ml/3 žlice vrhnja (svijetlog).
125 g/1 šalica crvenog Leicester sira, naribanog
4 tople pečene palačinke
4 svježa pečena jaja

Stavite juhu, vrhnje i pola sira u zdjelu od 900 ml/1½ pt/3¾ šalice. Zagrijte, bez poklopca, na najjačoj vatri 4-5 minuta dok ne bude vruće i glatko, miješajući svaku minutu. Svaku palačinku stavite na zagrijani tanjur i ukrasite jajetom. Prelijte smjesom od gljiva, pospite preostalim sirom i zagrijavajte jednu po jednu na jakoj vatri oko minutu dok se sir ne otopi i ne počne mjehurići. Jedite odmah.

Puding sa sirom i rajčicama okrenut naopako

Služi 4

225g/8oz/2 šalice samodizajućeg brašna.
5 ml/1 žličica senfa u prahu
5 ml/1 žličica soli
125 g putera ili margarina
125 g/1 šalica sira Edam ili cheddar, naribanog
2 jaja, istučena
150 ml/¼ pt./2/3 šalice hladnog mlijeka
4 veće rajčice, blanširane, oguljene i nasjeckane
15 ml/1 žlica nasjeckanog peršina ili korijandera

Premažite maslacem okrugli kalup za puding od 1,75 litara/3 pt/7½ šalice. U zdjelu prosijte brašno, senf u prahu i 2,5 ml/½ žličice soli. Naribajte puter ili margarin, pa pomiješajte sa sirom. Miješajte dok ne postane glatko s jajima i mlijekom. Glatko rasporedite u pripremljenu zdjelu. Kuhajte potpuno nepoklopljeno 6 minuta. Pomiješajte rajčice s preostalom soli. Stavite u plitku zdjelu i poklopite tanjurom. Izvadite puding iz pećnice i pažljivo ga preokrenite u plitku posudu. Pokrijte kuhinjskim papirom i kuhajte na jakoj vatri još 2 minute. Izvadite iz pećnice i prekrijte folijom da zadrži toplinu. Stavite rajčice u mikrovalnu i zagrijavajte ih na punoj snazi 3 minute. Prelijte pudingom, pospite začinskim biljem i poslužite vruće.

Pizza palačinke

Služi 4

45 ml/3 žlice pirea od rajčice (pasta)
30 ml / 2 žlice maslinovog ulja
1 češanj češnjaka, zgnječen
4 tople pečene palačinke
2 rajčice, tanko narezane
175 g mozzarella sira, nasjeckanog
12 crnih maslina

Pomiješajte pire od rajčice, maslinovo ulje i češnjak te premažite palačinke. Na vrh stavite kriške rajčice. Pokrijte sirom i nadjenite maslinama. Zagrijte jednu po jednu na jakoj vatri oko 1-1½ minute dok se sir ne počne topiti. Jedite odmah.

Brancin od đumbira s lukom

Poslužuje 8

Kantonski specijalitet i tipično kinesko jelo na bazi švedskog stola.

2 brancina po 450 gr očišćena ali s glavama
8 mladog luka (luka)
5 ml/1 žličica soli
2,5 ml/½ žličice šećera
2,5 cm/1 komad svježeg korijena đumbira, oguljenog i sitno nasjeckanog
45 ml/3 žlice soja umaka

Operite ribu iznutra i izvana. Posušiti kuhinjskim papirom. Napravite tri dijagonalna reza oštrim nožem, otprilike 2,5 cm/1, s obje strane svake ribe. Stavite od glave do repa u posudu 30 3 20 cm/12 3 8. Luk nasjeckajte na vrhu i repu, svaki narežite na niti po cijeloj dužini i rasporedite po ribi. Preostale sastojke dobro izmiješajte i njima premažite ribu. Posudu pokrijte plastičnom folijom i dvaput prerežite da para izlazi. Kuhajte 12 minuta, jednom okrećući lonac. Prebacite ribu na tanjur za posluživanje i prelijte lukom i sokom iz jela.

Paketi pastrva

Služi 2

Profesionalni kuhari to zovu truites en papillote. Fino pripremljena pastrva jednostavno je pametno riblje jelo.

2 velike očišćene pastrve od po 450 g, oprane, ali s glavama
1 luk narezan na tanke ploške
1 manji limun ili limeta, grubo nasjeckana
2 velika osušena lista lovora, grubo zdrobljena
2,5 ml/½ žličice provansalskog bilja
5 ml/1 žličica soli

Pripremite dva pravokutnika papira za pečenje, svaki dimenzija 40 3 35 cm/16 3 14. Stavite luk i kriške limuna ili limete u udubljenja ribe s listovima lovora. Prebacite na pravokutnike papira za pečenje i pospite začinskim biljem i solju. Svaku pastrvu posebno zamotajte, a zatim oba omota zajedno stavite u plitku posudu. Kuhajte 14 minuta, jednom okrećite lonac. Ostavite 2 minute. Svaki premjestite na zagrijani tanjur i otvorite pakete na stolu.

Sjajna grdobina s tankim bobama

Služi 4

125 g francuskog (zelenog) ili kenijskog graha, s glavicom i repom
150 ml/¼ pt./2/3 šalice kipuće vode
450 g/1 funta grdobine
15 ml/1 žlica kukuruznog brašna
1,5–2,5 ml/¼–½ žličice kineskog začina u prahu
45 ml/3 žlice rižinog vina ili srednjeg šerija
5 ml/1 žličica umaka od kamenica u boci
2,5 ml/½ žličice sezamovog ulja
1 češanj češnjaka, zgnječen
50 ml/2 fl oz/3½ žlice vruće vode
15 ml/1 žlica sojinog umaka
Rezanci od jaja, za posluživanje

Polovice graha. Stavite u okruglu posudu od 1,25 litara/2¼ pt/5½ šalice. Dodajte kipuću vodu. Pokrijte plastičnom folijom i preklopite dvaput da para izlazi. Kuhajte do kraja 4 minute. Procijedite i ostavite sa strane. Špinat operite i narežite na uske trakice. Pomiješajte kukuruzno brašno i začine u prahu s rižinim vinom ili šerijem dok ne postane glatko. Umiješajte preostale sastojke. Prebaciti u posudu u kojoj se kuhao grah. Kuhajte potpuno nepoklopljeno 1,5 minutu. Miksajte dok ne postane glatko, zatim dodajte grah i juhu. Poklopite kao i prije i kuhajte 4 minute. Ostavite 2 minute pa promiješajte i poslužite.

Sjajni škampi iz Mangetouta

Služi 4

Pripremite kao Shining Monkfish s tankim grahom, ali grah zamijenite snježnim pahuljicama (snježni grašak) i kuhajte ga samo 2½-3 minute jer bi trebao ostati hrskav. Domovinu zamijenite račićima (škampima).

Normandijski bakalar s jabukovačom i kalvadosom

Služi 4

50 g putera ili margarina
1 luk, vrlo tanko narezan
3 mrkve narezati na vrlo tanke ploške
50 g šampinjona, orezanih i tanko narezanih
4 velika odreska bakalara, otprilike 225g/8oz svaki
5 ml/1 žličica soli
150 ml/¼ pt/2/3 šalice jabukovače
15 ml/1 žlica kukuruznog brašna
25 ml/1½ žlice hladne vode
15 ml/1 žlica kalvadosa
Peršin, za ukras

U dublju posudu promjera 20 cm/8 stavite pola maslaca ili margarina. Otopiti, nepokriveno, cijelo 45-60 sekundi. Pomiješajte luk, mrkvu i gljive. Stavite ribu u jednom sloju na vrh. Prašak sa soli. Jabukovaču ulijte u posudu i složite odreske s preostalim maslacem ili margarinom. Pokrijte plastičnom folijom i preklopite dvaput da para izlazi. Kuhajte 8 minuta okrećući lonac četiri puta. Pažljivo ulijte tekućinu od kuhanja i ostavite sa strane. Kukuruzno brašno dobro pomiješajte s vodom i Calvadosom. Dodajte riblji sok. Kuhajte nepoklopljeno na jakoj vatri 2-2,5 minute dok se umak ne zgusne, miješajući svakih 30 sekundi. Stavite ribu na zagrijani tanjur za posluživanje i na povrće. Prelijte umakom i ukrasite peršinom.

Riblja paella

Poslužuje 6–8

Prvo jelo od riže u Španjolskoj, poznato u cijelom svijetu zahvaljujući međunarodnim putovanjima.

900 g/2 lb fileta lososa bez kože, narezanog
1 paket šafrana u prahu
60 ml/4 žlice vrele vode
30 ml / 2 žlice maslinovog ulja
2 glavice luka nasjeckane
2 češnja češnjaka, zgnječena
1 zelena paprika (rugasta), bez sjemenki i grubo nasjeckana
225 g/8 oz/1 šalica talijanske ili španjolske riže za rižoto
175 g/1½ šalice smrznutog ili svježeg graška
600 ml/1 porcija/2½ šalice kipuće vode
7,5 ml/1½ žličice soli
3 rajčice oguljene, očišćene od sjemenki i narezane na četvrtine
75 g kuhane šunke narezane na ploške
125 g/4 oz/1 šalica oguljenih račića (škampi)
250 g/9 oz/1 velikih konzerviranih dagnji u salamuri
Kriške limuna ili kriške za ukras

Posložite kockice lososa po rubu posude za pečenje promjera 25 cm (pećnica), ostavljajući mali razmak u sredini. Posudu pokrijte plastičnom folijom i dvaput prerežite da para izlazi. Kuhajte u načinu rada za odmrzavanje 10-11 minuta, okrećući lonac dvaput, sve dok riba ne postane ljuskava i tek pečena. Ocijedite i sačuvajte tekućinu, a losos ostavite sa strane. Operite i osušite posudu. Ispraznite šafran u manju posudu, dodajte vruću vodu i ostavite da se namače 10 minuta. U očišćenu posudu ulijte ulje i dodajte luk, češnjak i zelenu papriku. Kuhajte potpuno nepoklopljeno 4 minute. Dodajte rižu, šafran i vodu za namakanje, grašak, kockice lososa, tekućinu od lososa, kipuću vodu i sol. Temeljito, ali nježno promiješajte. Poklopiti kao i prije i kuhati 10 minuta. Ostavite u mikrovalnoj pećnici 10 minuta. Kuhajte do kraja još 5 minuta. Otklopite i dobro izmiješajte rajčice i šunku. Ukrasite škampima, školjkama i limunom i poslužite.

Sušena haringa

Služi 4

4 haringe po cca 450g filet

2 veća lista lovora, krupno samljevena

15 ml/1 žlica mješavine začina za kiseljenje

2 glavice luka nasjeckajte i podijelite na kolutove

150 ml/¼ pt./2/3 šalice kipuće vode

20 ml/4 žličice šećera u prahu

10 ml/2 žličice soli

90 ml/6 žlica sladnog octa

Kruh i maslac, za posluživanje

Svaki file haringe zarolajte od glave do repa, s kožom prema dolje. Stavite na rub duboke posude promjera 25 cm/10. Pospite lovorom i začinima. Stavite kolutiće luka između haringi. Preostale sastojke dobro izmiješajte i nanesite na ribu. Pokrijte plastičnom folijom i preklopite dvaput da para izlazi. Kuhajte 18 minuta. Ostaviti da se ohladi pa ohladiti. Jedite hladno s kruhom i maslacem.

Moules Marineri

Služi 4

Belgijsko nacionalno jelo koje se uvijek poslužuje s krumpirićima.

900 ml/2 kom/5 šalica svježih dagnji

15 g/½ oz/1 žlica maslaca ili margarina
1 manja glavica luka nasjeckana
1 češanj češnjaka, zgnječen
150 ml/¼ pt/2/3 šalice suhog bijelog vina
1 vrećica garni buketa
1 osušeni lovorov list, samljeven
7,5 ml/1½ žličice soli
20 ml/4 žličice svježih bijelih krušnih mrvica
20 ml/4 žličice nasjeckanog peršina

Dagnje operite pod hladnom tekućom vodom. Ostružite sve mrlje, a zatim odrežite bradu. Odbacite sve školjke sa slomljenim školjkama ili one koje su otvorene; može izazvati trovanje hranom. Ponovno oprati. U duboku zdjelu stavite maslac ili margarin. Otapajte bez poklopca na jakoj vatri oko 30 sekundi. Pomiješajte luk i češnjak. Poklopite tanjurom i kuhajte 6 minuta uz dva puta miješanje. Dodajte vino, bouquet garni, lovorov list, sol i dagnje. Lagano promiješajte da se sjedini. Poklopite kao i prije i kuhajte 5 minuta. Šupljikavom žlicom premjestite školjke u četiri duboke zdjele ili tanjure za juhu. U tekućinu od kuhanja umiješajte krušne mrvice i polovicu peršina pa žlicom pomiješajte školjke. Pospite preostalim peršinom i odmah poslužite.

Skuša s umakom od rabarbare i grožđica

Služi 4

Lijepo obojen slatko-kiseli umak lijepo uravnotežuje bogatu skušu.

350 g mlade rabarbare, grubo nasjeckane

60 ml/4 žlice kipuće vode

30 ml/2 žlice grožđica

30 ml/2 žlice šećera u prahu
2,5 ml/½ žličice esencije vanilije (ekstrakt)
Sitno naribati koricu i sok pola manjeg limuna
4 skuše očišćene, otkoštene i glave
50 g putera ili margarina
Sol i svježe mljeveni crni papar

Stavite rabarbaru i vodu u vatrostalnu posudu (u pećnici). Pokrijte plastičnom folijom i preklopite dvaput da para izlazi. Kuhajte 6 minuta okrećući lonac tri puta. Otkrijte i zgnječite rabarbaru u kašu. Dodajte grožđice, šećer, aromu vanilije i koricu limuna i ostavite sa strane. Okrenute kožom, svaku skušu preklopite na pola od glave do repa. U dublju posudu promjera 20 cm/8 stavite maslac ili margarin i limunov sok. Otopiti do kraja 2 minute. Dodajte ribu i premažite otopljenim sastojcima. Pospite solju i paprom. Pokrijte plastičnom folijom i preklopite dvaput da para izlazi. Kuhajte na srednje niskoj razini 14-16 minuta, dok se riba ne ljušti. Ostavite 2 minute. Zagrijte umak od rabarbare na visokoj temperaturi jednu minutu i poslužite uz skušu.

Haringa s umakom od jabuka

Služi 4

Pripremite kao skušu s umakom od rabarbare i grožđica, ali vodu zamijenite rabarbarom, a kipuću jabukovaču zamijenite oguljenim jabukama bez koštica za kuhanje (tart). Ostavite grožđice.

Šaran u Fighter umaku

Služi 4

1 vrlo svjež šaran, očišćen i izrezan na 8 tankih ploški
30 ml/2 žlice sladnog octa
3 mrkve, tanko narezane
3 glavice luka narezane na tanke ploške
600 ml/1 porcija/2½ šalice kipuće vode
10-15 ml/2-3 žličice soli

Šarana operite i potopite u toliko hladne vode s octom 3 sata da prekrije ribu. (Ovo će ukloniti mutni okus.) Stavite mrkvu i luk u duboku posudu od 23 cm/9 cm s kipućom vodom i soli. Pokrijte plastičnom folijom i preklopite dvaput da para izlazi. Kuhajte 20 minuta okrećući lonac četiri puta. Procijedite, sačuvajte tekućinu. (Povrće se može koristiti negdje drugdje u ribljoj juhi ili pomfritu.) Ulijte tekućinu natrag u lonac. Dodajte šarana u jednom sloju. Poklopite kao i prije i kuhajte na jakoj vatri 8 minuta okrećući lonac dva puta. Ostavite 3 minute. Dijelom ribe prebacite šarana u plitku posudu. Pokrijte i ohladite. Ulijte tekućinu u vrč i stavite u hladnjak dok se malo ne ohladi. Žlicom prelijte žele preko ribe i poslužite.

Kiflice od marelica

Služi 4

75 g suhih marelica
150 ml/¼ pt./2/3 šalice hladne vode
3 kupovna mopa sa nasjeckanim lukom
150 g/2/3 šalice crème fraîche
Listovi miješane salate
Hrskavi kruh

Marelice operite i narežite na sitne kockice. Stavite u zdjelu s hladnom vodom. Pokrijte preokrenutim tanjurom i zagrijavajte na najvećoj snazi 5 minuta. Ostavite 5 minuta. Odljev. Rollmops narežite na trakice. Dodajte marelicama, luku i crème fraîcheu. Dobro promiješajte. Pokrijte i ostavite da se marinira u hladnjaku 4-5 sati. Poslužite na listovima zelene salate s hrskavim kruhom.

Kuhani Kipper

Služi 1

Grijanje u mikrovalnoj pećnici sprječava širenje mirisa po cijeloj kući i ostavlja haringu sočnom i mekanom.

1 veća neobojena haringa cca 450 gr
120 ml/4 fl oz/½ šalice hladne vode
Maslac ili margarin

Odrežite haringu, bacite rep. Namočite 3-4 sata u nekoliko promjena hladne vode da smanjite sol ako je potrebno, a zatim procijedite. Stavite u veliku, plitku posudu s vodom. Pokrijte plastičnom folijom i preklopite dvaput da para izlazi. Kuhajte do kraja 4 minute. Poslužite na toplom tanjuru s malo maslaca ili margarina.

madraske kozice

Služi 4

25 g/2 žlice ghee-a ili 15 ml/1 žlica ulja od kikirikija
2 glavice luka nasjeckane
2 češnja češnjaka, zgnječena
15 ml/1 žlica pikantnog curry praha
5 ml/1 žličica mljevenog kima
5 ml/1 žličica garam masale
Sok od 1 male limete
150 ml/¼ pt/2/3 šalice riblje ili povrtne juhe
30 ml/2 žlice pirea od rajčice (pasta)
60 ml/4 žlice sultanije (zlatne grožđice)

450 g/1 lb/4 šalice oguljenih račića (škampi), odmrznutih ako su zamrznuti

175 g kuhane duge riže

Poppadoms

Stavite ghee ili ulje u duboku posudu promjera 20 cm/8. Zagrijte nepoklopljeno, cijelo 1 minutu. Luk i češnjak dobro izmiješajte. Kuhajte potpuno nepoklopljeno 3 minute. Dodajte curry, kumin, garam masalu i sok od limete. Kuhajte potpuno nepoklopljeno 3 minute, dvaput miješajući. Dodajte juhu, pire od rajčice i sultaniju. Pokrijte preokrenutim tanjurom i kuhajte 5 minuta. Po potrebi škampe ocijedite pa dodajte u zdjelu i promiješajte. Kuhajte potpuno nepoklopljeno 1,5 minutu. Poslužite uz rižu i popadome.

Martini rolice od iverka s umakom

Služi 4

8 pečenica po 175 g opranih i posušenih

Sol i svježe mljeveni crni papar

Sok od 1 limuna

2,5 ml/½ žličice Worcestershire umaka

25 g/1 oz/2 žlice maslaca ili margarina

4 ljutike, oguljene i nasjeckane

100 g kuhane šunke narezane na trakice

400 g šampinjona narezati na tanke ploške

20 ml/4 žličice kukuruznog brašna

20 ml/4 žličice hladnog mlijeka
250 ml/8 tečnih oz/1 šalica pileće juhe
150 g/¼ pt/2/3 šalice 1 kreme (svijetle).
2,5 ml/½ žličice šećera u prahu (jako finog).
1,5 ml/¼ žličice kurkume
10 ml/2 žličice martini bianco

Ribu posolite i popaprite. Marinirajte u limunovom soku i Worcestershire umaku 15-20 minuta. U tavi otopite maslac ili margarin. Dodajte ljutiku i polako pržite (pirjajte) dok ne omekša i postane proziran. Dodajte šunku i gljive i miješajte 7 minuta. Pomiješajte kukuruzno brašno s hladnim mlijekom dok ne postane glatko i dodajte preostale sastojke. Filete iverka zarolajte i probodite čačkalicama. Stavite u duboku posudu promjera 20 cm/8. Premažite smjesom od gljiva. Pokrijte plastičnom folijom i preklopite dvaput da para izlazi. Kuhajte cijele 10 minuta.

Ragu od školjki s orasima

Služi 4

30 ml / 2 žlice maslinovog ulja
1 glavica luka oguljena i nasjeckana
2 mrkve oguljene i sitno nasjeckane
3 stabljike celera narezati na uske trakice
1 crvena paprika (babura), bez sjemenki i narezana na trakice
1 zelena paprika (babura), bez sjemenki i narezana na trakice
1 manja tikvica (tikvica), obrezana i tanko narezana
250 ml/8 tečnih oz/1 čaša ružičastog vina
1 vrećica garni buketa
325 ml/11 oz/11/3 šalice juhe od povrća ili ribe
400g/14oz/1 velika konzerva rajčice narezane na kockice
125 g/4 oz kolutića lignji

125 g dagnji bez ljuski
200 g limunove soli ili fileta iverka, narezanog na komade
4 ogromna škampa (jumbo škampi), kuhana
50 g krupno sjeckanih oraha
30 ml/2 žlice crnih maslina bez koštica.
10 ml/2 žličice gina
Sok od pola manjeg limuna
2,5 ml/½ žličice šećera u prahu
1 baget
30 ml / 2 žlice krupno nasjeckanih listova bosiljka

Ulijte ulje u posudu od 2,5 litara/4½ pt/11 šalica. Zagrijte, nepoklopljene, cijele 2 minute. Dodajte pripremljeno povrće i prelijte uljem da se premaže. Pokrijte plastičnom folijom i preklopite dvaput da para izlazi. Kuhajte cijele 5 minuta. Dodajte vino i bouquet garni. Poklopite kao i prije i kuhajte 5 minuta. Dodajte juhu, rajčice i ribu. Ponovno poklopite i kuhajte na jakoj vatri 10 minuta. Pomiješajte sve preostale sastojke osim bosiljka. Ponovno poklopite i kuhajte 4 minute. Pospite bosiljkom i poslužite vruće.

Vrući bakalar

Služi 4

25 g/1 oz/2 žlice maslaca ili margarina

1 glavica luka oguljena i nasjeckana

2 mrkve oguljene i sitno nasjeckane

2 stabljike celera, tanko narezane

150 ml/¼ pt./2/3 šalice srednje suhog bijelog vina

400 g fileta bakalara bez kože, narezanog na velike kocke

15 ml/1 žlica kukuruznog brašna

75 ml/5 žlica hladnog mlijeka

350 ml/12 oz/1½ šalice riblje ili povrtne juhe

Sol i svježe mljeveni crni papar

75 ml/5 žlica nasjeckanog kopra

300 ml/½ šalice/1¼ šalice dvostrukog (gustog) vrhnja, lagano tučenog

2 žumanjka

Stavite maslac ili margarin u vatrostalnu posudu promjera 20 cm/8 (pećnica). Zagrijte, nepoklopljene, cijele 2 minute. Pomiješajte povrće i vino. Pokrijte plastičnom folijom i preklopite dvaput da para izlazi. Kuhajte cijele 5 minuta. Ostavite 3 minute. Otkriti. Dodajte ribu u povrće. Pomiješajte kukuruzni škrob s hladnim mlijekom dok ne postane glatko, zatim dodajte u lonac i juhu. Sezona. Poklopite kao i prije i kuhajte 8 minuta. Dodajte kopar. Vrhnje i žumanjke dobro izmiješajte i ulijte u lonac. Poklopite i potpuno kuhajte 1½ minute.

Vruće dimljeni bakalar

Služi 4

Hot-pot pripremite kao bakalar, ali dimljeni file bakalara zamijenite svježim.

Grdobina u umaku od zlatne kreme od limuna

Poslužuje 6

300 ml/½ pt/1¼ šalice punomasnog mlijeka
25 g putera ili margarina na kuhinjskoj temperaturi
675 g goveđih odrezaka sitno narezanih
45 ml/3 žlice pšeničnog brašna (višenamjenskog).
2 velika žumanjka
Sok od 1 velikog limuna
2,5–5 ml/½ –1 čajna žličica soli
2,5 ml/½ žličice sitno nasjeckanog estragona

Kuhane kutije vol-au-vent (pljeskavice) ili kriške tostiranog ciabatta kruha

Ulijte mlijeko u vrč i zagrijavajte ga bez poklopca 2 minute. U duboku posudu promjera 20 cm/8 stavite maslac ili margarin. Odmrzavajte bez poklopca u načinu rada za odleđivanje 1,5 minuta. Komade ribe obložiti brašnom i dodati u zdjelu s maslacem ili margarinom. Polako ulijte mlijeko. Pokrijte plastičnom folijom i preklopite dvaput da para izlazi. Kuhajte do kraja 7 minuta. Istucite žumanjke, sok od limuna i sol te pomiješajte s ribom. Kuhajte potpuno nepoklopljeno 2 minute. Ostavite 5 minuta. Dobro izmiješajte, pospite estragonom i poslužite u vol-au-vent kutijama ili s kriškama prepečene ciabatte.

List u umaku od zlatne kreme od limuna

Poslužuje 6

Pripremite kao grdobinu u umaku od zlatne kreme od limuna, ali umjesto komadića grdobine narežite je na trakice.

nizozemski losos

Služi 4

4 odreska lososa po 175-200 g
150 ml/¼ pt vode/2/3 čaše vode ili suhog bijelog vina
2,5 ml / ½ žličice soli
Hollandaise umak

Stavite odreske oko stijenki duboke posude promjera 20 cm/8. Dodajte vodu ili vino. Pospite ribu solju. Pokrijte plastičnom folijom i preklopite dvaput da para izlazi. Kuhajte u načinu odmrzavanja (tako da se losos ne pari) 16-18 minuta. Ostavite 4 minute. Izvadite na četiri zagrijana tanjura s dijelom ribe i ocijedite tekućinu. Svaki prelijte holandskim umakom.

Nizozemski losos s korijanderom

Služi 4

Pripremite kao u slučaju nizozemskog lososa, ali odmah nakon kuhanja u umak dodajte 30 ml/2 žlice nasjeckanog korijandera. Za dodatnu aromu dodajte 10 ml/2 žličice nasjeckanog matičnjaka.

Pahuljice majoneze od lososa

Poslužuje 6

*900 g svježeg fileta lososa, bez kože
Sol i svježe mljeveni crni papar
otopljeni puter ili margarin (po želji)
50 g / 2 oz / ½ šalice narezanih (nasjeckanih) badema, tostiranih
1 manja glavica luka sitno nasjeckana
30 ml/2 žlice sitno nasjeckanog peršina
5 ml/1 žličica nasjeckanog estragona
200 ml/7 tečnih oz/mala 1 šalica francuske majoneze
Listovi zelene salate
Sprejevi od komorača za dekoraciju*

Losos podijelite na četiri dijela. Stavite na rub duboke posude promjera 25 cm/10. Pospite solju i paprom i po želji pokapajte malo otopljenog maslaca ili margarina. Pokrijte plastičnom folijom i preklopite dvaput da para izlazi. Kuhajte u načinu odmrzavanja 20 minuta. Ostaviti da se ohladi, pa ribu isjeckati sa dvije vilice. Prebacite u zdjelu, dodajte pola badema i luk, peršin i estragon. Lagano umiješajte majonezu dok se dobro ne sjedini i postane vlažna. Dugu posudu za posluživanje obložite listovima zelene salate. Na vrh stavite red majoneze od lososa. Pospite preostalim bademima i ukrasite komoračem.

Losos na žaru, na mediteranski način

Poslužuje 6–8

Losos na pola, porcija od 1,5 kg
60 ml/4 žlice maslinovog ulja
60 ml/4 žlice soka od limuna
60 ml/4 žlice pirea od rajčice (pasta)
15 ml/1 žlica nasjeckanih listova bosiljka
7,5 ml/1½ žličice soli
45 ml/3 žlice malih kapara, ocijeđenih
45 ml/3 žlice nasjeckanog peršina

Operite losos i provjerite jesu li ostrugane sve ljuske. Stavite u duboku posudu promjera 20 cm/8. Pomiješajte preostale sastojke i stavite na vrh ribe. Pokrijte tanjurom i ostavite da se marinira u hladnjaku 3 sata. Pokrijte plastičnom folijom i preklopite dvaput da para izlazi. Kuhajte 20 minuta okrećući lonac dva puta. Podijelite na dijelove za posluživanje.

Kedgeree s Curryjem

Služi 4

Nekad jelo za doručak, posebno povezano s indijskim kolonijalnim danima na prijelazu stoljeća, kedgeree se sada češće poslužuje za ručak.

350 g fileta dimljene bakalara ili bakalara
60 ml/4 žlice hladne vode
50 g putera ili margarina
225 g/8 oz/1 šalica basmati riže
15 ml/1 žlica blagog curry praha
600 ml/1 porcija/2½ šalice kipuće vode
3 tvrdo kuhana jaja (tvrdo).
150 ml/¼ porcije/2/3 šalice 1 krema (svijetla).
15 ml/1 žlica nasjeckanog peršina
Sol i svježe mljeveni crni papar
Grančice peršina, za ukras

Stavite ribu u plitku posudu s hladnom vodom. Pokrijte plastičnom folijom i preklopite dvaput da para izlazi. Kuhajte cijele 5 minuta. Odljev. Meso izbockati s dvije vilice i odstraniti kožu i kosti. Stavite maslac ili margarin u okruglu vatrostalnu posudu od 1,75 litara i otopite ga u načinu rada za odmrzavanje 1½-2 minute. Umiješajte rižu, curry prah i kipuću vodu. Poklopite kao i prije i kuhajte 15 minuta. Dva jaja nasjeckajte i umiješajte u posudu s ribom, vrhnjem i peršinom, pomiješajte po želji. Razdvojite vilicom, poklopite preokrenutim tanjurom i zagrijavajte na najvećoj snazi 5 minuta. Umutite preostalo jaje. Izvadite posudu iz mikrovalne pećnice i ukrasite nasjeckanim jajetom i grančicama peršina.

Kedgeree s dimljenim lososom

Služi 4

Pripremite kao Kedgeree s Curryjem, ali umjesto bakalara ili dimljenog bakalara zamijenite 225 g dimljenog lososa (loxa) narezanog na trakice. Dimljeni losos nije potrebno kuhati unaprijed.

Quiche od dimljene ribe

Poslužuje 6

175 g prhkog tijesta (osnovno tijesto)
1 žumanjak, istučen
125 g dimljene ribe kao što su skuša, bakalar, pastrva, kuhana i oguljena
3 jaja
150 ml/¼ pt/2/3 šalice kiselog vrhnja (kiselo mlijeko).
30 ml/2 žlice majoneze
Sol i svježe mljeveni crni papar
75 g/3 oz/¾ šalice cheddar sira, naribanog
Papar
Miješana salata

Lagano premažite maslacem staklenu ili porculansku posudu promjera 20 cm/8. Tijesto razvaljajte i stavite u podmazan oblik. Dobro izbodite posvuda, posebno gdje se strana spaja s bazom. Kuhajte otklopljeno na punoj snazi 6 minuta, okrećući lonac dva puta. Ako se pojavi oteklina, pritisnite prstima prekrivenim rukavicama za pećnicu. Kalup za tortu (kolačić) iznutra pritisnite žumanjkom. Kuhajte cijelu minutu da zatvorite sve rupe. Izvadite iz pećnice. Pokrijte podlogu ribom. Umutiti jaja s vrhnjem i majonezom, začiniti po želji. Ulijte u quiche i pospite sirom i paprom. Kuhajte potpuno nepoklopljeno 8 minuta. Poslužite vruće uz salatu.

Gumbo od luizijanskih škampa

Poslužuje 8

3 glavice luka nasjeckane
2 češnja češnjaka
3 stabljike celera sitno nasjeckane
1 zelena paprika (rugasta), bez sjemenki i sitno nasjeckana
50 g/2 oz/¼ šalice maslaca
60 ml/4 žlice pšeničnog brašna (višenamjenskog).
900 ml/1½ pt/3¾ šalice vruće juhe od povrća ili peradi
350 g/12 oz bamije (ženski prsti), s licem i repom
15 ml/1 žlica soli
10 ml/2 žličice mljevenog korijandra (korijandera)
5 ml/1 žličica kurkume
2,5 ml/½ žličice mljevenih začina
30 ml/2 žlice soka od limuna
2 lista lovora
5–10 ml/1–2 žličice Tabasco umaka
450 g/1 lb/4 šalice kuhanih račića (škampi), odmrznutih ako su smrznuti
350 g kuhane duge riže

Stavite luk u zdjelu od 2,5 litara/4½ komada/11 šalica. Zgnječite češnjak na vrh. Dodajte celer i zeleni papar. Maslac potpuno otopite 2 minute. Umiješajte brašno. Kuhajte bez poklopca na jakoj vatri 5-7 minuta, miješajući četiri puta i pažljivo pazeći da zagori, dok smjesa ne postane lagani roux boje biskvita. Postupno umiješajte juhu. Staviti sa strane. Bamiju narežite na komade i dodajte povrću zajedno sa svim ostalim sastojcima osim tabasca i škampi, ali uz zapršku. Pokrijte plastičnom folijom i preklopite dvaput da para izlazi. Kuhajte cijele 25 minuta. Ostavite 5 minuta. Umiješajte tabasco i škampe. Žlicom stavljajte u zagrijane duboke posude i u svaku dodajte hrpicu svježe kuhane riže. Jedite odmah.

Gumbo grdobina

Poslužuje 8

Pripremite kao Louisiana Prawn Gumbo, ali škampe zamijenite istom težinom grdobine bez kostiju, narezane na trake. Pokrijte plastičnom folijom (folijom) i kuhajte 4 minute prije prebacivanja u zdjele.

Gumbo od miješane ribe

Poslužuje 8

Pripremite kao Louisiana Prawn Gumbo, ali škampe (škampe) zamijenite različitim ribljim filetima narezanim na kockice.

Pastrva s bademima

Služi 4

50 g/2 oz/¼ šalice maslaca
15 ml/1 žlica soka od limuna
4 srednje pastrve
50 g / 2 oz / ½ šalice narezanih (nasjeckanih) badema, tostiranih
Sol i svježe mljeveni crni papar
4 četvrtine limuna
Grančice peršina

Otopite maslac u načinu odmrzavanja 1,5 minute. Umiješajte limunov sok. Stavite pastrve, od glave do repa, u posudu od 25 3 20 cm/10 3 8 na maslacu. Premažite ribu mješavinom maslaca i pospite bademima i začinima. Pokrijte plastičnom folijom i preklopite dvaput da para izlazi. Kuhajte 9-12 minuta okrećući lonac dva puta. Ostavite 5 minuta. Prebacite na četiri zagrijana tanjura. Zalijte tekućinom od kuhanja i ukrasite kriškama limuna i grančicama peršina.

Provansalski škampi

Služi 4

225 g/8 oz/1 šalica riže dugog zrna koja se lako kuha
600 ml/1 porcija/2½ šalice vruće juhe od ribe ili peradi
5 ml/1 žličica soli
15 ml/1 žlica maslinovog ulja
1 glavica luka, naribana
1-2 zgnječena češnja češnjaka
6 velikih, vrlo zrelih rajčica, blanširanih, oguljenih i nasjeckanih
15 ml/1 žlica nasjeckanih listova bosiljka
5 ml/1 žličica tamnog mekog smeđeg šećera
450 g/1 lb/4 šalice smrznutih račića (škampi), neotopljenih
Sol i svježe mljeveni crni papar
kosani peršin

Stavite rižu u lonac od 2L/3½ komada/8½ šalice. Ulijte vruću juhu i posolite. Pokrijte plastičnom folijom i preklopite dvaput da para izlazi. Kuhajte 16 minuta. Ostavite sa strane 8 minuta da riža upije svu vlagu. U posudu za posluživanje od 1,75 litara ulijte ulje. Zagrijte, nepoklopljene, cijele 1,5 minute. Pomiješajte luk i češnjak. Kuhajte potpuno nepoklopljeno 3 minute, dvaput miješajući. Dodajte rajčice u bosiljak i šećer. Poklopite tanjurom i kuhajte 5 minuta uz dva puta miješanje. Dodajte smrznute škampe i začinite po želji. Poklopiti kao i prije i kuhati 4 minute, zatim lagano odvojiti kozice. Ponovno poklopite i kuhajte na jakoj vatri još 3 minute. Neka sjedi. Pokrijte rižu tanjurom i ponovno zagrijavajte u načinu rada za odmrzavanje 5-6 minuta. Žlicom stavite na četiri prethodno zagrijana tanjura i prelijte mješavinom ribe i rajčice. Pospite peršinom i poslužite vruće.

Iverak u umaku od celera s prženim bademima

Služi 4

8 pečenica ukupne težine cca 1 kg
300 ml/10 tečnih oz/1 limenka kondenzirane krem juhe od celera
150 m/¼ pt/2/3 šalice kipuće vode
15 ml/1 žlica sitno nasjeckanog peršina
30 ml/2 žlice nasjeckanih badema, prženih

Riblje filete zarolajte od glave prema repu, kožom prema dolje. Stavite oko ruba duboke, maslacem premazane posude od 25 cm/10 inča. Lagano izmiješajte juhu i vodu te umiješajte peršin. Stavite žlicu na vrh ribe. Posudu pokrijte plastičnom folijom i dvaput prerežite da para izlazi. Kuhajte 12 minuta, okrećući lonac dva puta. Ostavite 5 minuta. Kuhajte do kraja još 6 minuta. Stavite na zagrijane tanjure i poslužite posipano bademima.

Fileti u umaku od rajčice i mažurana

Služi 4

Pripremite kao iverak u umaku od pečenih badema, ali celer zamijenite kondenziranom juhom od rajčice i 2,5 ml/½ žličice sušenog mažurana umjesto peršina.

Fileti u umaku od gljiva s potočarkom

Služi 4

Pripremite kao iverak u umaku od celera i badema, ali celer zamijenite zgusnutom juhom od gljiva i dodajte peršin s 30 ml/2 žlice nasjeckane kreše.

Pečeni bakalar s poširanim jajetom

Služi 4

Pronađen je u rukom pisanoj bilježnici iz 19. stoljeća koja je pripadala baki starog prijatelja.

675 g fileta bakalara bez kože
10 ml/2 žličice otopljenog maslaca ili margarina ili suncokretovog ulja
Papar
Sol i svježe mljeveni crni papar
50 g putera ili margarina
8 velikih glavica mladog luka, orezanih i nasjeckanih
350 g hladnog kuhanog krumpira narezanog na kockice
150 ml/¼ porcije/2/3 šalice 1 krema (svijetla).
5 ml/1 žličica soli
4 jaja
175 ml/6oz/¾ šalice tople vode
5 ml/1 žličica octa

Stavite ribu u plitku posudu. Premažite s malo otopljenog maslaca, margarina ili ulja. Začinite paprikom, soli i paprom. Pokrijte plastičnom folijom i preklopite dvaput da para izlazi. Kuhajte u načinu odmrzavanja 14-16 minuta. Ribu izbockajte s dvije vilice i izvadite joj kosti. Preostali maslac, margarin ili ulje stavite u vatrostalnu posudu promjera 20 cm (Dutch Oven). Zagrijte bez poklopca u načinu odmrzavanja 1½ –2 minute. Promiješajte luk. Pokrijte tanjurom i kuhajte do kraja 5 minuta. Pomiješajte ribu s krumpirom, vrhnjem i soli. Pokrijte kao prije i ponovno zagrijavajte u načinu rada Whole 5-7 minuta dok ne bude jako vruće, miješajući jednom ili dvaput. Čuvaj se.

Da biste skuhali jaja, lagano razbijte dva u malu zdjelu i dodajte pola vode i pola octa. Vrhom noža skupite žumanjak. Pokrijte tanjurom i kuhajte 2 minute. Pustite da odstoji minutu. Ponovite s preostalim jajima, vrućom vodom i octom. Na četiri prethodno zagrijana tanjura žlicom stavite po jedno jaje.

Vahnja i povrće u umaku od jabukovače

Služi 4

50 g putera ili margarina

1 glavica luka, tanko narezana i podijeljena na kolutiće

3 mrkve, tanko narezane

50 g gljiva narezati na ploške

4 komada filetirane i oguljene bahke ili druge bijele ribe

5 ml/1 žličica soli

150 ml/¼ pt/2/3 šalice srednje slatkog jabukovače

10 ml/2 žličice kukuruznog brašna

15 ml/1 žlica hladne vode

U dublju posudu promjera 20 cm/8 stavite pola maslaca ili margarina. Odmrzavajte bez poklopca u načinu rada za odmrzavanje oko 1,5 minute. Dodajte luk, mrkvu i gljive. Stavite ribu na vrh. Pospite solju. Polako prelijte jabukovaču preko ribe. Pospite ostatkom maslaca ili margarina. Pokrijte plastičnom folijom i preklopite dvaput da para izlazi. Kuhajte cijele 8 minuta. U staklenom vrču tekuće pomiješajte kukuruzni škrob i hladnu vodu te lagano umiješajte riblji temeljac. Kuhajte bez poklopca na jakoj vatri 2,5 minute dok se ne zgusne, miješajući svaku minutu. Preliti preko ribe i povrća. Stavite na zagrijane tanjure i odmah pojedite.

Torta uz more

Služi 4

Za preljev:

700 g / 1½ lb krumpirovog brašna, neoguljena težina

75 ml/5 žlica kipuće vode

15 ml/1 žlica maslaca ili margarina

75 ml/5 žlica mlijeka ili vrhnja (svijetlog).

Sol i svježe mljeveni papar

Naribani muškatni oraščić

Za umak:

300 ml/½ pt/1¼ šalice hladnog mlijeka

30 ml/2 žlice maslaca ili margarina

20 ml/4 žličice pšeničnog brašna (višenamjenskog).

75 ml/5 žlica crvenog Leicester ili Cheddar sira u boji, naribanog

5 ml/1 žličica cijele gorušice

5 ml/1 žličica Worcestershire umaka

Za riblju smjesu:

450 g filea bijele ribe bez kože, na kuhinjskoj temperaturi

Otopljeni maslac ili margarin

Papar

60 ml/4 žlice crvenog Leicester ili Cheddar sira u boji, naribanog

Za glazuru operite i ogulite krumpir te ga narežite na velike kocke. Stavite u lonac od 1,5 litara kipuće vode. Pokrijte plastičnom folijom i preklopite dvaput da para izlazi. Kuhajte 15 minuta, okrećući lonac dva puta. Ostavite 5 minuta. Ocijedite i dobro izgnječite s maslacem ili margarinom i mlijekom ili vrhnjem, umutite dok ne postane pjenasto. Začinite po ukusu solju, paprom i muškatnim oraščićem.

Za pripremu umaka, mlijeko zagrijte nepoklopljeno na najvećoj snazi 1,5 minutu. Staviti sa strane. Otopite maslac ili margarin, bez poklopca, u načinu rada za odmrzavanje 1-1½ minute. Umiješajte brašno. Kuhajte otklopljeno na punoj snazi 30 sekundi. Postupno umiješajte mlijeko. Kuhajte oko 4 minute, miješajući svaku minutu kako biste osigurali glatkoću, dok se umak ne zgusne. Pomiješajte sir s preostalim sastojcima za umak.

Za pripremu riblje smjese filete stavite u plitku posudu i premažite otopljenim maslacem ili margarinom. Začinite paprikom, soli i paprom. Pokrijte plastičnom folijom i preklopite dvaput da para izlazi. Kuhajte do kraja 5-6 minuta. Izbodite ribu s dvije vilice, uklanjajući sve kosti. Prebacite u maslacem namazanu posudu od 1,75 litara/3 porcije/7½ šalica. Pomiješajte umak. Pokrijte krumpirom i pospite sirom i dodatnom paprikom. Zagrijte nepoklopljeno 6-7 minuta.

Preljevi od dimljene ribe

Služi 2

2 porcije smrznute dimljene vahnje, svaka od 175g/6oz

Svježe mljeveni crni papar
1 manja tikvica (tikvica), nasjeckana
1 manja glavica luka, tanko narezana
2 rajčice, oguljene, očišćene od koštice i nasjeckane
½ crvene paprike (babure) bez sjemenki i narezane na trakice
15 ml/1 žlica nasjeckanog vlasca

Stavite ribu u duboku posudu promjera 18 cm/7. Začinite paprom. Pokrijte plastičnom folijom i preklopite dvaput da para izlazi. Kuhajte cijele 8 minuta. Ribu prelijte žlicom soka i ostavite sa strane na minutu. Stavite povrće u drugu posudu za pečenje srednje veličine (nizozemska pećnica). Poklopite tanjurom i kuhajte 5 minuta uz jedno miješanje. Na ribu stavite povrće. Poklopite kao i prije i kuhajte 2 minute. Pospite vlascem i poslužite.

Coley fileti s marmeladom od poriluka i limuna

Služi 2

Neobičan aranžman Edinburgh Seafood Authority, koji je također doprinio s tri recepta u nastavku.

15 ml/1 žlica maslaca

1 češanj češnjaka, oguljen i zgnječen
1 poriluk razdijeliti i narezati na tanke ploške
2 fileta coleya, svaki od 175g/6oz, bez kože
Sok od pola limuna
10 ml/2 žličice marmelade od limuna
Sol i svježe mljeveni crni papar

U duboku posudu promjera 18 cm/7 stavite maslac, češnjak i poriluk. Pokrijte plastičnom folijom i preklopite dvaput da para izlazi. Kuhajte potpuno 2½ minute. Otkriti. Na to stavite filete i poprskajte ih polovicom limunovog soka. Poklopite kao i prije i kuhajte 7 minuta. Ribu prebacite na dva zagrijana tanjura i držite na toplom. Preostali limunov sok, marmeladu i začine pomiješajte sa sokom od ribe i porilukom. Pokrijte tanjurom i kuhajte 1,5 minutu. Žlicom stavite ribu i poslužite.

Morska riba u jakni

Služi 4

4 pečena krumpira, neoguljena, ali dobro oguljena
450 g fileta bijele ribe oguljenih i narezanih na kockice
45 ml/3 žlice maslaca ili margarina

3 mlada luka (ljutka), orezana i nasjeckana
30 ml/2 žlice cijelog senfa
1,5 ml/¼ žličice paprike, plus dodatak za posipanje
30–45 ml/2–3 žlice prirodnog jogurta
Sol

Krumpir stavite direktno na tanjur, pokrijte kuhinjskim papirom i kuhajte na jakoj vatri 16 minuta. Umotati u čisti ručnik (krpu) i ostaviti sa strane. Stavite ribu u vatrostalnu posudu od 18 cm/7 cm (Dutch Reven) s maslacem ili margarinom, mladim lukom, senfom i paprikom. Poklopite tanjurom i kuhajte 7 minuta uz dva puta miješanje. Ostavite 2 minute. Jogurt pomiješajte sa soli po ukusu. Svaki krumpir zarežite u križić i lagano pritisnite da se otvori. Punite mješavinom ribe, pospite paprikom i jedite vruće.

Švedski bakalar s otopljenim maslacem i jajima

Služi 4

300 ml/½ pt/1¼ šalice hladne vode
3 cijela klinčića
5 bobica kleke

1 lovorov list, samljeven
2,5 ml/½ čajne žličice mješavine začina za marinadu
1 luk, izrezan na četvrtine
10 ml/2 žličice soli
4 svježa odreska bakalara, prerezana na pola, po 225 g
75g/3 oz/2/3 šalice maslaca
2 tvrdo kuhana jaja (stranice 98–9), oguljena i nasjeckana

U stakleni vrč stavite vodu, klinčiće, bobice kleke, lovor, začine za kiseljenje, četvrtine luka i sol. Pokrijte plastičnom folijom i preklopite dvaput da para izlazi. Kuhajte cijele 15 minuta. Napetost. Ribu stavite u dublju posudu promjera 25 cm/10 i prelijte je ocijeđenom tekućinom. Pokrijte plastičnom folijom i prelomite dva puta da para izađe. Kuhajte 10 minuta, okrećući lonac dva puta. Premjestite ribu u prethodno zagrijanu posudu, koristeći dijelove ribe, i držite na toplom. Otopite maslac, bez poklopca, u načinu odmrzavanja 2 minute. Preliti preko ribe. Pospite razmućenim jajima i poslužite.

Stroganoff s plodovima mora

Služi 4

30 ml/2 žlice maslaca ili margarina
1 češanj češnjaka, zgnječen
1 glavica luka nasjeckana

125 g šampinjona
700 g fileta bijele ribe ogulite i narežite na kockice
150 ml/¼ pt/2/3 šalice kiselog vrhnja (mlijeko) ili crème fraîche
Sol i svježe mljeveni crni papar
30 ml/2 žlice nasjeckanog peršina

Stavite maslac ili margarin u vatrostalnu posudu promjera 20 cm/8 (pećnica). Odledite bez poklopca u načinu rada za odmrzavanje 2 minute. Dodajte češnjak, luk i gljive. Pokrijte plastičnom folijom i preklopite dvaput da para izlazi. Kuhajte do kraja 3 minute. Dodajte kockice ribe. Poklopite kao i prije i kuhajte 8 minuta. Pomiješajte s vrhnjem i začinite solju i paprom. Ponovno poklopite i kuhajte 1,5 minutu. Poslužite posuto peršinom.

Stroganov od svježe tune

Služi 4

Pripremite kao Seafood Stroganoff, ali bijelu ribu zamijenite vrlo svježom tunom.

Vrhunski ragu od bijele ribe

Služi 4

30 ml/2 žlice maslaca ili margarina
1 glavica luka nasjeckana
2 mrkve, sitno nasjeckane
6 stabljika celera, tanko narezanih
150 ml/¼ pt./2/3 čaše bijelog vina
400 g fileta bakalara ili bakalara s kožom narezanih na ploške
10 ml/2 žličice kukuruznog brašna
90 ml/6 žlica jednokratnog vrhnja (svijetlog).
150 ml/¼ pt/2/3 šalice juhe od povrća
Sol i svježe mljeveni crni papar
2,5 ml/½ čajne žličice esencije (ekstrakta) inćuna ili Worcestershire umaka
30 ml/2 žlice nasjeckanog kopra
300 ml/½ porcije/1¼ šalice vrhnja za šlag
2 žumanjka

Stavite maslac ili margarin u vatrostalnu posudu promjera 20 cm/8 (pećnica). Zagrijte, nepoklopljene, cijele 2 minute. Dodajte povrće i vino. Pokrijte plastičnom folijom i preklopite dvaput da para izlazi. Kuhajte cijele 5 minuta. Ostavite 3 minute. Dodajte ribu u povrće. Lagano pomiješajte kukuruzno brašno s vrhnjem, pa umiješajte juhu. Začinite solju, paprom i esencijom inćuna ili Worcestershire umakom. Preliti preko ribe. Poklopite kao i prije i kuhajte 8 minuta. Umiješajte kopar, zatim istucite vrhnje i žumanjke te umiješajte u riblju smjesu. Pokrijte kao prije i kuhajte u načinu odmrzavanja 3 minute.

S mousseom od lososa

Poslužuje 8

30 ml/2 žlice želatine u prahu
150 ml/¼ pt./2/3 šalice hladne vode
418 g/15 oz/1 velika limenka crvenog lososa

150 ml/¼ pt/2/3 šalice kremaste majoneze
15 ml/1 žlica blage gorušice
10 ml/2 žličice Worcestershire umaka
30 ml/2 žlice voćnog ajvara, po potrebi nasjeckanog
Sok od pola velikog limuna
2 veća bjelanjka
Prstohvat soli
Kreša, ploške krastavca, zelena salata i ploške svježe limete za ukras

Želatinu pomiješajte sa 75 ml/5 žlica hladne vode i ostavite 5 minuta da omekša. Odmrzavanje bez poklopca u načinu rada za odmrzavanje 2½-3 minute. Ponovno promiješajte i umiješajte preostalu vodu. Sadržaj konzerve lososa premjestite u dosta veliku zdjelu i izgnječite ga vilicom, skinite kožu i kosti, a zatim ga sasvim sitno izdrobite. Pomiješajte otopljenu želatinu, majonezu, senf, Worcestershire umak, ajvar i limunov sok. Pokrijte i ohladite dok se ne počne zgušnjavati i stvrdnjavati po rubovima. Od bjelanjaka istucite čvrsti snijeg. Umiješajte jednu trećinu smjese lososa i sol. Dodajte preostale bjelanjke i premjestite smjesu u okruglu posudu od 1,5 litara/2½ pt/6 šalica, prvo isperite hladnom vodom. Pokrijte plastičnom folijom i ostavite na hladnom 8 sati dok se ne stegne. Prije posluživanja, tepsiju do ruba brzo uronite u hladnu vodu i izvadite je da olabavi. Nježno prijeđite mokrim nožem oko strana, a zatim okrenite u veliku mokru posudu. (Namakanje će spriječiti da se želatina slijepi.) Atraktivno ukrasite s mnogo potočarke, kriškama krastavca, zelenom salatom i kriškama limete.

Dijetalni mousse od lososa

Poslužuje 8

Pripremite kao Mousse od lososa, ali zamijenite majonezu s frazom ili svježim sirom.

Mornay rak

Služi 4

300 ml/½ pt/1¼ šalice punomasnog mlijeka
10 ml/2 žličice mješavine začina za marinadu
1 mali luk, izrezan na 8 kolutova
2 grančice peršina
Prstohvat muškatnog oraščića
30 ml/2 žlice maslaca
30 ml/2 žlice pšeničnog brašna (višenamjenskog).
Sol i svježe mljeveni crni papar
75 g/¾ šalice sira Gruyère (švicarski), naribanog
5 ml/1 žličica kontinentalnog senfa
350 g pripremljenog svijetlog i tamnog mesa rakova
Kriške tosta

Ulijte mlijeko u stakleni ili plastični vrč i pomiješajte sa začinima za kiseljenje, kriškama luka, peršinom i muškatnim oraščićem. Poklopite tanjurom i zagrijavajte na jakoj vatri 5-6 minuta dok se mlijeko ne počne zgušnjavati. Napetost. Stavite maslac u zdjelu od 1,5 litara/2,5 litara/6 šalica i otopite ga u načinu rada za odmrzavanje 1,5 minuta. Pomiješajte brašno. Kuhajte do kraja 30 sekundi. Postupno ulijevati vruće mlijeko. Kuhajte oko 4 minute uz miješanje svake minute dok umak ne prokuha i ne zgusne se. Posolite, popaprite i pomiješajte sa sirom i senfom. Kuhajte 30 sekundi ili dok se sir ne otopi. Umiješajte meso rakova. Pokrijte tanjurom i zagrijavajte na najvećoj snazi 2-3 minute. Poslužite na svježe pečenom tostu.

Jutarnja tuna

Služi 4

Pripremite kao Crab Mornay, ali meso rakova zamijenite konzerviranom tunom u ulju. Meso izbockajte s dvije vilice i dodajte u umak s konzerviranim uljem.

Jutro crvenog lososa

Služi 4

Pripremite kao Crab Mornay, ali meso rakova zamijenite crvenim lososom iz konzerve, ocijeđenim i oguljenim.

Kombinacija plodova mora i orašastih plodova

Služi 4

45 ml/3 žlice maslinovog ulja

1 glavica luka nasjeckana

2 mrkve, nasjeckane

2 stabljike celera, tanko narezane

1 crvena paprika (babura), bez sjemenki i narezana na trakice

1 zelena paprika (babura), bez sjemenki i narezana na trakice

1 manja tikvica (tikvica), izrezana na tanke ploške

250 ml/8 tečnih oz/1 šalica bijelog vina

Prstohvat mješavine začina

300 ml/½ porcije/1¼ šalice riblje ili povrtne juhe

450 g zrelih rajčica, blanširanih, oguljenih i nasjeckanih

125 g/4 oz kolutića lignji

400 g filea iverka ili lista od limuna, narezanog na kvadrate

125 g kuhanih dagnji

4 velika kuhana škampa (škampi)

50 g polovica ili komadića oraha

50 g/1/3 šalice sultanije (zlatne grožđice)

Malo šerija

Sol i svježe mljeveni crni papar

Sok od 1 limuna

30 ml/2 žlice nasjeckanog peršina

Zagrijte ulje u vatrostalnoj posudi od 2,5 litara (u pećnici) 2 minute. Dodajte svo povrće. Kuhajte potpuno otklopljeno 5 minuta uz dva puta miješanje. Svoj ribi i plodovima mora dodajte vino, začine, juhu i rajčice. Pokrijte plastičnom folijom i preklopite dvaput da para izlazi. Kuhajte cijele 10 minuta. Pomiješajte sve preostale sastojke osim peršina. Poklopite kao i prije i kuhajte 4 minute. Otklopite, pospite peršinom i odmah poslužite.

Prsten lososa s koprom

Poslužuje 8–10

125 g/3½ kriške rastresitog bijelog kruha
900 g svježeg fileta lososa bez kože, narezanog na ploške
10 ml/2 žličice umaka od inćuna u boci
5–7,5 ml/1–1½ žličice soli

1 češanj češnjaka, zgnječen
4 velika jaja, istučena
25 g svježeg kopra
bijeli papar

Dublju posudu promjera 23 cm/9 lagano namažite maslacem. Prezle u multipraktiku. Dodajte sve preostale sastojke. Pulsirajte aparat dok se smjesa ne sjedini i riba bude grubo samljevena. Izbjegavajte pretjerano miješanje ili će smjesa biti teška i gusta. Ravnomjerno rasporedite u pripremljenu posudu i utisnite dječju staklenku za pekmez (za konzerviranje) ili ravnu čašicu za jaja u sredinu tako da smjesa oblikuje krug. Pokrijte plastičnom folijom i preklopite dvaput da para izlazi. Kuhajte 15 minuta, okrećući lonac dva puta. (Prsten će se smanjiti i odmaknuti od stijenki posude.) Ostaviti sa strane da se ohladi, zatim ponovo poklopiti i staviti u frižider. Narežite na kriške i poslužite. Ostatke možete koristiti za sendviče.

Kolut miješane ribe s peršinom

Poslužuje 8–10

Pripremite kao prsten lososa s koprom, ali losos zamijenite mješavinom svježe oguljenog fileta lososa, iverka i vahnje te kopra s 45 ml/3 žlice nasjeckanog peršina.

Tepsija od bakalara sa slaninom i rajčicama

Poslužuje 6

30 ml/2 žlice maslaca ili margarina
225 g gamuna, grubo nasjeckanog
2 glavice luka nasjeckane
1 velika zelena paprika (rugasta), očišćena od sjemenki i narezana na trakice

2 3 400 g/2 3 14 oz/2 velike limenke rajčice
15 ml/1 žlica blage kontinentalne gorušice
45 ml/3 žlice Cointreau ili Grand Marnier
Sol i svježe mljeveni crni papar
700 g fileta bakalara bez kože, narezanog na ploške
2 češnja češnjaka, zgnječena
60 ml/4 žlice prženih smeđih krušnih mrvica
15 ml/1 žlica ulja od kikirikija (kikirikija) ili suncokreta

Stavite maslac ili margarin u posudu za pečenje od 2 litre (u pećnici). Zagrijte, nepoklopljene, cijele 1,5 minute. Pomiješajte gamon, luk i papriku. Kuhajte nepoklopljeno u načinu rada za odmrzavanje 10 minuta, dva puta miješajući. Izvadite iz mikrovalne pećnice. Dodajte rajčice, zgnječite ih vilicom i pomiješajte sa senfom, likerom i začinima. Pokrijte plastičnom folijom i preklopite dvaput da para izlazi. Kuhajte do kraja 6 minuta. Dodajte ribu i češnjak. Poklopite kao prije i kuhajte na srednje jakoj temperaturi 10 minuta. Po vrhu pospite krušnim mrvicama i pokapajte uljem. Zagrijte nepoklopljeno, cijelo 1 minutu.

Riblji lonac od pečenice

Služi 2

Uz pikantni jalapeno umak i obilno začinjeno, uživajte u raskošnoj ribljoj gozbi s hrskavim francuskim kruhom i rustikalnim crnim vinom.

2 glavice luka krupno nasjeckane

2 češnja češnjaka, zgnječena
15 ml/1 žlica maslinovog ulja
400g/14oz/1 velika konzerva rajčice narezane na kockice
200 ml/7 tečnih oz/mala 1 čaša ružičastog vina
15 ml/1 žlica Pernod ili Ricard (pastis)
10 ml/2 žličice jalapeno umaka
2,5 ml/½ čajne žličice umaka od ljutih papričica
10 ml/2 žličice garam masale
1 list lovora
2,5 ml/½ žličice sušenog origana
2,5–5 ml/½–1 čajna žličica soli
225 g grdobine ili iverka s kožom narezanog na trakice
12 većih kuhanih škampa (škampa)
2 velike jakobove kapice narezane na trakice
30 ml/2 žlice nasjeckanog korijandra (korijandera), za ukras

Stavite luk, češnjak i ulje u vatrostalnu posudu od 2 litre (u pećnici). Pokrijte tanjurom i kuhajte dok ne bude gotovo 3 minute. Pomiješajte preostale sastojke osim ribe, plodova mora i korijandera. Poklopite kao i prije i kuhajte 6 minuta uz miješanje tri puta. Pomiješajte s halibutom ili halibutom. Poklopiti kao prije i kuhati na odmrzavanju 4 minute dok riba ne pobijeli. Umiješajte škampe i jakobove kapice. Pokrijte kao prije i kuhajte u načinu rada za odmrzavanje 1,5 minute.

Izmiješajte, žlicom stavite u duboke tanjure i pospite korijanderom. Poslužite odmah.

PILETINA u pećnici

Piletina pečena u mikrovalnoj pećnici može biti sočna i lijepo začinjena ako se postupi s pravim tijestom i ostavi nenadjevena.

1 pile spremno za pečenje, po želji

Usput:
25 g/1 oz/2 žlice maslaca ili margarina
5 ml/1 žličica paprike
5 ml/1 žličica Worcestershire umaka
5 ml/1 žličica soja umaka
2,5 ml/½ žličice soli od češnjaka ili 5 ml/1 žličice paste od češnjaka
5 ml/1 žličica pirea od rajčice (pasta)

Opranu i osušenu piletinu stavite u posudu dovoljno veliku da u nju udobno stane, a stane i u mikrovalnu. (Ne mora biti duboka.) Za glazuru otopite maslac ili margarin na jakoj vatri 30-60 sekundi. Pomiješajte preostale sastojke i dodajte piletinu. Pokrijte plastičnom folijom i preklopite dvaput da para izlazi. Kuhajte točno 8 minuta na 450 g/1 lb, okrećući lonac svakih 5 minuta. Tijekom kuhanja isključite mikrovalnu pećnicu i pustite pticu da odstoji unutra 10 minuta, a zatim završite s kuhanjem. Ostavite još 5 minuta. Prebacite na dasku za rezanje, prekrijte folijom i ostavite sa strane 5 minuta prije rezanja.

Glazirana piletina

Pripremite kao za pečenu piletinu, ali dodajte 5 ml/1 žličicu melase, 10 ml/2 žličice smeđeg šećera, 5 ml/1 žličicu limunovog soka i 5 ml/1 žličicu smeđeg umaka. Ostavite dodatnih 30 sekundi kuhanja.

Tex-Mex piletina

Pripremite kao za pečenu piletinu. Kad je pečena, pticu podijelite na dijelove i stavite u čistu posudu. Na vrh namažite kupovnu salsu, srednje ljutu po ukusu. Pospite s 225 g/2 šalice ribanog cheddar sira. Ponovno zagrijavajte, nepoklopljeno, u načinu rada za odmrzavanje oko 4 minute, dok se sir ne otopi i dok se ne pojave mjehurići. Poslužite s zelenim grahom iz konzerve i ploškama avokada poškropljenim limunovim sokom.

Krunidbena piletina

1 pečeno pile
45 ml/3 žlice bijelog vina
30 ml/2 žlice pirea od rajčice (pasta)
30 ml/2 žlice mango chutneya
30 ml/2 žlice procijeđenog džema od marelica (iz konzerve)
30 ml/2 žlice vode
Sok od pola limuna
10 ml/2 žličice blage curry paste
10 ml/2 žličice šerija
300 ml guste majoneze
60 ml/4 žlice šlaga
225g/8oz/1 šalica kuhane duge riže
Potočarka

Slijedite recept za pečenu piletinu, uključujući temeljac. Nakon kuhanja meso odvojiti od kostiju i narezati na sitne kockice. Stavite u zdjelu za miješanje. U posudu ulijte vino, dodajte pire od rajčice, ajvar, džem, vodu i limunov sok. Zagrijte nepoklopljeno, cijelo 1 minutu. Ostaviti da se ohladi. Dodajte curry pastu, sherry i majonezu te pomiješajte s vrhnjem. Sjediniti sa piletinom. Stavite rižu na veliku posudu za posluživanje i žlicom umiješajte smjesu u piletinu. Ukrasite potočarkom.

Piletina Veronika

1 pečeno pile
1 glavica luka sitno naribana
25 g/1 oz/2 žlice maslaca ili margarina
150 ml/¼ kom/2/3 šalice crème fraîche
30 ml/2 žlice bijelog porta ili srednje suhog šerija
60 ml/4 žlice guste majoneze
10 ml/2 žličice senfa
5 ml/1 žličica kečapa od rajčice (catsup)
1 manja stabljika celera, nasjeckana
75 g zelenog grožđa bez koštica
Mali grozdovi zelenog ili crvenog grožđa bez sjemenki za ukras

Slijedite recept za pečenu piletinu, uključujući temeljac. Nakon kuhanja meso odvojiti od kostiju i narezati na sitne kockice. Stavite u zdjelu za miješanje. Stavite luk u malu zdjelu s maslacem ili margarinom i kuhajte nepoklopljeno 2 minute. U trećoj zdjeli pomiješajte crème fraîche, porto ili šeri, majonezu, senf, kečap od rajčice i celer. Sastavite piletinu s kuhanim lukom i grožđem. Pažljivo prebacite u posudu za posluživanje i ukrasite grozdovima.

Piletina u umaku od octa s estragonom

Na temelju recepta pronađenog u finom restoranu u Lyonu u Francuskoj ranih 1970-ih.

1 pečeno pile
25 g/1 oz/2 žlice maslaca ili margarina
30 ml/2 žlice kukuruznog brašna
15 ml/1 žlica pirea od rajčice (pasta)
45 ml / 3 žlice duple kreme (gustine).
45 ml/3 žlice sladnog octa
Sol i svježe mljeveni crni papar

Slijedite recept za pečenu piletinu, uključujući temeljac. Kuhanu pticu narežite na šest dijelova, prekrijte folijom i stavite na toplo na tanjur. Za pripremu umaka ulijte sok od kuhanja piletine u posudu za mjerenje i dolijte do 250 ml/1 šalicu vruće vode. Stavite maslac ili margarin u posebnu posudu i zagrijte nepoklopljeno na jakoj vatri minutu. Dodajte kukuruzno brašno, pire od rajčice, kiselo vrhnje i ocat, začinite po želji solju i svježe mljevenim crnim paprom. Postupno ulijevajte vrući sok od piletine. Kuhajte bez poklopca na jakoj vatri 4-5 minuta dok se ne zgusne i ne počne mjehuriti, miješajući svaku minutu. Prelijte preko piletine i odmah poslužite.

Danska pečena piletina s nadjevom od peršina

Pripremite kao za pečenu piletinu, ali napravite nekoliko zareza na kožici sirove piletine i ukrasite grančicama peršina. Stavite 25 g maslaca od češnjaka u tjelesnu šupljinu. Zatim slijedite recept.

Piletina Simla

Anglo-indijski specijalitet koji pripada Raju.

1 pečeno pile
15 ml/1 žlica maslaca
5 ml/1 žličica sitno nasjeckanog korijena đumbira
5 ml/1 žličica pirea od češnjaka (pasta)
2,5 ml/½ žličice kurkume
2,5 ml/½ žličice paprike
5 ml/1 žličica soli
300 ml/½ porcije/1¼ šalice vrhnja za šlag
Prženi (posoljeni) kolutići luka domaći ili kupovni za dekoraciju

Slijedite recept za pečenu piletinu, uključujući temeljac. Kad je pečena, pticu izrežite na šest dijelova i držite na toplom na velikom tanjuru ili tanjuru. Zagrijte maslac u loncu od 600 ml/1 porcija/2½ šalice na jakoj vatri 1 minutu. Dodajte pire od đumbira i češnjaka. Kuhajte potpuno nepoklopljeno 1,5 minutu. Pomiješajte kurkumu, papriku i sol, a zatim vrhnje. Zagrijte nepoklopljeno na jakoj vatri 4-5 minuta dok krema ne počne mjehuriti, miješajući najmanje četiri puta. Preliti preko piletine i ukrasiti kolutovima luka.

Začinjena piletina s kokosom i korijanderom

Služi 4

Delikatno začinjeno curry jelo iz Južne Afrike.

8 porcija piletine, ukupno 1,25 kg
45 ml/3 žlice kokosovih ljuskica (zdrobljenih).
1 zeleni čili, oko 8 cm dug, očišćen od sjemenki i nasjeckan
1 češanj češnjaka, zgnječen
2 glavice luka, naribane
5 ml/1 žličica kurkume
5 ml/1 žličica mljevenog đumbira
10 ml/2 žličice blagog curry praha
90 ml/6 žlica krupno nasjeckanog korijandra (korijandera)
150 ml/¼ pt/2/3 šalice konzerviranog kokosovog mlijeka
125 g/½ šalice svježeg sira s čilijem
Sol
175 g kuhane duge riže
Chutney, za posluživanje

Ogulite kožu s piletine. Rasporedite oko ruba duboke posude od 25 cm, pritišćući komade kako bi osigurali čvrsto pristajanje. Pokrijte plastičnom folijom i preklopite dvaput da para izlazi. Kuhajte 10 minuta, okrećući lonac dva puta. Stavite kokos u zdjelu sa svim preostalim sastojcima osim riže. Dobro promiješajte. Otklopite piletinu i premažite je smjesom od kokosa. Poklopite kao i prije i kuhajte na jakoj vatri 10 minuta okrećući lonac četiri puta. Poslužite u dubljim tanjurima iznad hrpe riže s posebno priloženim ajvarom.

Začinjeni zec

Služi 4

Pripremite kao začinjenu piletinu s kokosom i cilantrom, ali zamijenite piletinu s osam porcija zečetine.

Začinjena puretina

Služi 4

Pripremite kao začinjenu piletinu s kokosom i korijanderom, ali zamijenite piletinu s osam komada purećih prsa od 175g/6oz.

Pileći Bredie s rajčicama

Poslužuje 6

Južnoafrički gulaš s najpopularnijom kombinacijom sastojaka među ljudima.

30 ml/2 žlice suncokretovog ili kukuruznog ulja
3 glavice luka sitno nasjeckane
1 režanj češnjaka, sitno nasjeckan
1 mali zeleni čili, bez sjemenki i nasjeckan
4 rajčice, oguljene, očišćene od koštice i nasjeckane
750 g pilećih prsa s kostima narezanih na sitne kockice
5 ml/1 žličica tamnog mekog smeđeg šećera
10 ml/2 žličice pirea od rajčice (pasta)
7,5–10 ml/1½–2 žličice soli

Ulijte ulje u dublju posudu promjera 25 cm/10. Dodajte luk, češnjak i čili i dobro promiješajte. Kuhajte otklopljeno 5 minuta. Dodajte preostale sastojke u zdjelu i napravite malu udubinu u sredini čašicom za jaja tako da smjesa oblikuje krug. Pokrijte plastičnom folijom i preklopite dvaput da para izlazi. Kuhajte 14 minuta okrećući lonac četiri puta. Ostavite sa strane 5 minuta prije posluživanja.

Kuhana kineska crvena piletina

Služi 4

Profinjeni kineski gulaš, piletina poprima boju mahagonija dok se kuha u umaku. Jedite s puno kuhane riže da upije slane sokove.

6 kineskih suhih gljiva
8 velikih pilećih bataka, ukupno 1 kg
1 velika glavica luka, naribana
60 ml/4 žlice sitno nasjeckanog konzerviranog đumbira
75 ml/5 žlica slatkog šerija
15 ml/1 žlica crne melase (melase)
Naribana korica 1 mandarine ili sličnog agruma s opuštenom kožicom
50 ml/2 tečne oz/3½ šalice soja umaka

Gljive namočite u vrućoj vodi 30 minuta. Ocijedite i narežite na trakice. Batake izrežite mesnate dijelove i stavite na rub duboke posude promjera 25 cm/10 tako da krajevi kosti budu okrenuti prema unutra. Pokrijte plastičnom folijom i preklopite dvaput da para izlazi. Kuhajte 12 minuta okrećući lonac tri puta. Pomiješajte preostale sastojke, uključujući gljive, i žlicom prelijte piletinu. Poklopite kao i prije i kuhajte 14 minuta. Ostavite sa strane 5 minuta prije posluživanja.

Aristokratska pileća krilca

Služi 4

Kineski recept star stoljećima, omiljen kod elite i koji se jede s rezancima od jaja.

8 kineskih suhih gljiva
6 mladog luka (ljutkica), grubo nasjeckanog
15 ml/1 žlica ulja od kikirikija.
900 g pilećih krilaca
225 g nasjeckanih izdanaka bambusa iz konzerve
30 ml/2 žlice kukuruznog brašna
45 ml/3 žlice kineskog rižinog vina ili srednje suhog šerija
60 ml/4 žlice soja umaka
10 ml/2 žličice sitno nasjeckanog svježeg korijena đumbira

Gljive namočite u vrućoj vodi 30 minuta. Ocijedite i narežite na četvrtine. U dublju posudu promjera 25 cm/10 stavite luk i ulje. Kuhajte potpuno nepoklopljeno 3 minute. Promiješati. Stavite pileća krilca u posudu, ostavljajući mali razmak u sredini. Pokrijte plastičnom folijom i preklopite dvaput da para izlazi. Kuhajte 12 minuta okrećući lonac tri puta. Otkriti. Prekrijte mladicama bambusa i tekućinom iz konzerve te pospite gljivama. Kukuruzno brašno temeljito pomiješajte s rižinim vinom ili šerijem. Dodajte preostale sastojke. Stavite žlicu na vrh piletine i povrća. Poklopite kao prije i kuhajte na jakoj vatri 10-12 minuta dok tekućina ne počne mjehuriti. Ostavite sa strane 5 minuta prije posluživanja.

Chicken Chow Mein

Služi 4

½ krastavca, oguljenog i narezanog na kockice
275 g/10 oz/2½ šalice hladno kuhane piletine, sitno narezane na kockice
450 g svježeg miješanog povrća za prženje
30 ml/2 žlice soja umaka
30 ml/2 žlice srednje suhog šerija
5 ml/1 žličica sezamovog ulja
2,5 ml / ½ žličice soli
Kuhani kineski rezanci, za posluživanje

Stavite krastavce i piletinu u lonac od 1,75 litara/3 porcije/7½ šalica. Pomiješajte sve preostale sastojke. Pokrijte velikim tanjurom i kuhajte 10 minuta. Ostavite sa strane 3 minute prije posluživanja s kineskim rezancima.

Pileći kotlet Suey

Služi 4

Pripremite kao Chicken Chow Mein, ali ga zamijenite kuhanim rižinim rezancima dugog zrna.

Express marinirana kineska piletina

Služi 3

Autentičan okus, ali što je brže moguće. Jedite s rižom ili rezancima i kineskim kiselim krastavcima.

6 debelih pilećih bataka, ukupno oko 750 g
125g/4oz/1 šalica zrna kukuruza šećerca, napola odmrznuta ako je smrznuta
1 poriluk, nasjeckan
60 ml/4 žlice kupiti kinesku marinadu

Stavite piletinu u duboku zdjelu i dodajte preostale sastojke. Dobro promiješajte. Pokrijte i ohladite 4 sata. Pomiješajte. Prebaciti u dublju posudu promjera 23 cm/9 i rasporediti piletinu po rubovima. Pokrijte plastičnom folijom i preklopite dvaput da para izlazi. Kuhajte 16 minuta okrećući lonac četiri puta. Ostavite sa strane 5 minuta prije posluživanja.

Hong Kong piletina s miješanim povrćem i klicama graha

Za 2-3 osobe

4 kineske sušene gljive
1 veliki luk, nasjeckan
1 mrkva, naribana
15 ml/1 žlica ulja od kikirikija.
2 češnja češnjaka, zgnječena
225 g / 8 oz / 2 šalice kuhane piletine, narezane na trakice
275 g klica graha
15 ml/1 žlica sojinog umaka
1,5 ml/¼ žličice sezamovog ulja
Dobar prstohvat kajenskog papra
2,5 ml / ½ žličice soli
Za posluživanje kuhana riža ili kineski rezanci

Gljive namočite u vrućoj vodi 30 minuta. Ocijedite i narežite na trakice. Stavite luk, mrkvu i ulje u lonac od 1,75 litara/3 porcije/7½ šalica. Kuhajte potpuno nepoklopljeno 3 minute. Umiješajte preostale sastojke. Pokrijte plastičnom folijom i preklopite dvaput da para izlazi. Kuhajte 5 minuta okrećući lonac tri puta. Ostavite sa strane 5 minuta prije posluživanja s rižom ili tjesteninom.

Piletina s umakom Golden Dragon

Služi 4

4 velika mesnata komada piletine, 225 g/8 oz svaki, bez kože
Glatko brašno (višenamjensko).
1 manja glavica luka nasjeckana
2 češnja češnjaka, zgnječena
30 ml/2 žlice soja umaka
30 ml/2 žlice srednje suhog šerija
30 ml/2 žlice ulja od kikirikija.
60 ml/4 žlice soka od limuna
60 ml / 4 žlice svijetlo mekog smeđeg šećera
45 ml/3 žlice otopljenog i propasiranog džema od marelica (iz konzerve)
5 ml/1 žličica mljevenog korijandra (korijandera)
3-4 kapi umaka od ljutih papričica
Salata od klica graha i kineski rezanci za posluživanje

Deblje dijelove pilećih filea izrežite oštrim nožem na nekoliko mjesta, pospite brašnom, pa stavite u dublju posudu promjera 25 cm. Preostale sastojke dobro izmiješajte. Preliti preko piletine. Posudu malo pokrijte kuhinjskim papirom i ostavite da se marinira u hladnjaku 4-5 sati, okrećući meso dva puta. Prerezane stranice stavite na vrh, a zatim posudu pokrijte plastičnom folijom i preklopite dva puta da para izlazi. Kuhajte 22 minute okrećući lonac četiri puta. Poslužite na podlozi od rezanaca i pokapajte sokom iz jela.

Pileća krilca s đumbirom i zelenom salatom

Poslužuje 4–5

1 cos zelena salata (romaine), nasjeckana
Komad korijena đumbira od 2,5 cm narezan na tanke ploške
2 češnja češnjaka, zgnječena
15 ml/1 žlica ulja od kikirikija.
300 ml/½ pt/1¼ šalice kipućeg pilećeg temeljca
30 ml/2 žlice kukuruznog brašna
2,5 ml / ½ čajne žličice pet začina u prahu
60 ml/4 žlice hladne vode
5 ml/1 žličica soja umaka
5 ml/1 žličica soli
1 kg pilećih krilaca
Za posluživanje kuhana riža ili kineski rezanci

Stavite zelenu salatu, đumbir, češnjak i maslinovo ulje u dosta veliku vatrostalnu posudu (nizozemska pećnica). Pokrijte tanjurom i kuhajte do kraja 5 minuta. Otklopite i dodajte kipuću juhu. Pomiješajte kukuruzno brašno i pet začina u prahu s hladnom vodom. Pomiješajte sa soja umakom i soli. Umiješajte mješavinu zelene salate u pileća krilca, lagano miješajte dok se dobro ne sjedine. Pokrijte plastičnom folijom i preklopite dvaput da para izlazi. Kuhajte 20 minuta okrećući lonac četiri puta. Ostavite sa strane 5 minuta prije posluživanja s rižom ili tjesteninom.

Bangkok piletina s kokosom

Služi 4

Originalni članak, napravio ga je u mojoj kuhinji mladi tajlandski prijatelj.

4 komada pilećih prsa s kostima po 175 g
200 ml/7 tečnih oz/mala 1 šalica kokosovog vrhnja
Sok od 1 limete
30 ml / 2 žlice hladne vode
2 češnja češnjaka, zgnječena
5 ml/1 žličica soli
Stručak matičnjaka prerezan na pola po dužini ili 6 listova matičnjaka
2–6 zelenih čilija ili 1,5–2,5 ml/¼–½ žličice sušenog crvenog čilija u prahu
4-5 svježih listova limete
20 ml/4 žličice nasjeckanog korijandera
175 g kuhane duge riže

Poredajte piletinu oko ruba duboke posude od 20 cm, ostavljajući otvor u sredini. Pokrijte plastičnom folijom i preklopite dvaput da para izlazi. Kuhajte 6 minuta, okrećući lonac dva puta. Pomiješajte kokosovo vrhnje, sok limete i vodu, zatim umiješajte češnjak i sol te prelijte preko piletine. Pospite listićima limunske trave ili matičnjaka, čilijem po ukusu i listićima limete. Poklopite kao i prije i kuhajte na jakoj vatri 8 minuta okrećući lonac tri puta. Ostavite 5 minuta. Otklopite i umiješajte korijander pa poslužite s rižom.

Saty od piletine

Za 8 kao predjelo, 4 kao glavno jelo

Za marinadu:

30 ml/2 žlice ulja od kikirikija.

30 ml/2 žlice soja umaka

1 češanj češnjaka, zgnječen

900 g pilećih prsa s kostima, narezanih na ploške

Za satay umak:

10 ml/2 žličice ulja od kikirikija

1 glavica luka nasjeckana

2 zelena čilija, svaki dugačak oko 8 cm, bez sjemenki i sitno nasjeckani

2 češnja češnjaka, zgnječena

150 ml/¼ pt./2/3 šalice kipuće vode

60 ml/4 žlice hrskavog maslaca od kikirikija

10 ml/2 žličice vinskog octa

2,5 ml / ½ žličice soli

175 g kuhane duge riže (po želji)

Za pripremu marinade pomiješajte ulje, sojin umak i češnjak u zdjeli i dodajte piletinu, dobro promiješajte da se dobro obloži. Pokrijte i ohladite 4 sata zimi, 8 ljeti.

Za umak ulijte ulje u posudu ili zdjelu srednje veličine i dodajte luk, papar i češnjak. Prije nego završite s umakom, na osam nauljenih ražnjića nataknite kockice piletine. Složite četiri na veliki tanjur kao žbice kotača. Kuhajte nepoklopljeno na jakoj vatri 5 minuta, jednom okrećući. Ponovite s preostala četiri ražnjića. Čuvaj se. Za kraj umaka pokrijte zdjelu plastičnom folijom i prerežite je dva puta kako bi para izašla. Kuhajte do kraja 2 minute. Ulijte kipuću vodu, maslac od kikirikija, ocat i sol. Kuhajte bez poklopca 3 minute, jednom promiješajte. Ostavite 30 sekundi i poslužite uz rižu ako je glavno jelo.

Piletina s kikirikijem

Služi 4

4 pileća prsa s kostima po 175 g
125 g/1/2 šalice glatkog maslaca od kikirikija
2,5 ml/½ žličice mljevenog đumbira
2,5 ml/½ žličice soli češnjaka
10 ml/2 žličice blagog curry praha
Kineski hoisin umak
Kuhani kineski rezanci, za posluživanje

Poredajte piletinu po rubu duboke posude od 23 cm, ostavljajući otvor u sredini. Stavite maslac od kikirikija, đumbir, sol s češnjakom i curry prah u mali lonac i zagrijte nepoklopljeno na najjačoj vatri 1 minutu. Ravnomjerno rasporedite preko piletine, a zatim lagano premažite hoisin umakom. Pokrijte plastičnom folijom i preklopite dvaput da para izlazi. Kuhajte 16 minuta okrećući lonac četiri puta. Ostavite sa strane 5 minuta prije posluživanja s kineskim rezancima.

Indijska piletina s jogurtom

Služi 4

Curry bez muke, brzo se slaže. Ima nizak udio masnoće pa se preporučuje vitkim osobama, može se poslužiti uz cvjetaču i krišku-dvije kruha sa žitaricama.

750 g pilećih bataka s kožom
150 ml/¼ pt/2/3 šalice prirodnog jogurta
15 ml/1 žlica mlijeka
5 ml/1 žličica garam masale
1,5 ml/¼ žličice kurkume
5 ml/1 žličica mljevenog đumbira
5 ml/1 žličica mljevenog korijandra (korijandera)
5 ml/1 žličica mljevenog kima
15 ml/1 žlica kukuruznog ili suncokretovog ulja
45 ml/3 žlice tople vode
60 ml / 4 žlice krupno nasjeckanog korijandra za ukras

Stavite piletinu u duboku posudu promjera 30 cm/12 cm. Pomiješajte sve preostale sastojke i dodajte piletinu. Pokrijte i marinirajte u hladnjaku 6-8 sati. Pokrijte tanjurom i zagrijavajte na jakoj vatri 5 minuta. Promiješajte piletinu. Posudu pokrijte plastičnom folijom i dvaput prerežite da para izlazi. Kuhajte 15 minuta okrećući lonac četiri puta. Ostavite 5 minuta. Prije posluživanja, otkrijte i pospite nasjeckanim cilantrom.

Japanska piletina s jajima

Služi 4

100 ml/3½ unce/6½ žlica vruće pileće ili goveđe juhe

60 ml/4 žlice srednje suhog šerija

30 ml/2 žlice teriyaki umaka

15 ml/1 žlica svijetlog mekanog smeđeg šećera

250 g kuhane piletine narezane na trakice

4 velika jaja, istučena

175 g kuhane duge riže

Ulijte juhu, šeri i teriyaki umak u plitku posudu od 18 cm/7 cm. Umiješajte šećer. Pokrijte plastičnom folijom i preklopite dvaput da para izlazi. Kuhajte cijele 5 minuta. Otklopite i promiješajte. Umiješajte piletinu i prelijte jajima na vrh. Kuhajte otklopljeno na punoj snazi 6 minuta, okrećući lonac tri puta. Za posluživanje stavite rižu u četiri prethodno zagrijane zdjelice i prelijte smjesom od piletine i jaja.

Portugalski pileći lonac

Služi 4

25 g/1 oz/2 žlice maslaca ili margarina ili 25 ml/1½ žlice maslinovog ulja

2 glavice luka narezati na četvrtine

2 češnja češnjaka, zgnječena

4 komada piletine, ukupno 900 gr

125 g/1 šalica kuhanog gamuna, narezanog na male kockice

3 rajčice, oguljene, očišćene od koštice i nasjeckane

150 ml/¼ pt/2/3 šalice suhog bijelog vina

10 ml/2 žličice francuskog senfa

7,5–10 ml/1½–2 žličice soli

Stavite maslac, margarin ili ulje u vatrostalnu posudu promjera 20 cm (Dutch Oven). Zagrijte nepoklopljeno, cijelo 1 minutu. Promiješajte luk i češnjak. Kuhajte potpuno nepoklopljeno 3 minute. Dodajte piletinu. Pokrijte plastičnom folijom i preklopite dvaput da para izlazi. Kuhajte 14 minuta, okrećući lonac dva puta. Pomiješajte preostale sastojke. Poklopite kao i prije i kuhajte 6 minuta. Ostavite sa strane 5 minuta prije posluživanja.

Začinjeni pileći lonac na engleski način

Služi 4

Pripremite kao portugalski pileći lonac, ali zamijenite vino srednje suhim ciderom, a preostalim sastojcima dodajte 5 ukiseljenih oraha. Ostavite dodatnu minutu kuhanja.

Diskreditirana Tandoori piletina

Za 8 kao predjelo, 4 kao glavno jelo

Indijsko jelo koje se tradicionalno kuha u glinenoj pećnici ili tandooru, ali ova verzija za mikrovalnu savršeno je prihvatljiva.

8 komada piletine, cca 1,25 kg ukupno
250 ml/8 tečnih oz/1 šalica gustog prirodnog grčkog jogurta
30 ml / 2 žlice mješavine začina za tandoori
10 ml/2 žličice mljevenog korijandra (korijandera)
5 ml/1 žličica paprike
5 ml/1 žličica kurkume
30 ml/2 žlice soka od limuna
2 češnja češnjaka, zgnječena
7,5 ml/1½ žličice soli
Indijski kruh i mješavina salata za posluživanje

Mesnate dijelove piletine podijelite na nekoliko mjesta. Jogurt lagano pomiješajte s preostalim sastojcima. Stavite piletinu u duboku posudu promjera 25 cm/10 cm i premažite tandoori smjesom. Lagano prekrijte kuhinjskim papirom i marinirajte u hladnjaku 6 sati. Preokrenite, prelijte marinadom i poklopljeno ostavite na hladnom još 3-4 sata. Pokrijte plastičnom folijom i preklopite dvaput da para izlazi. Kuhajte

20 minuta okrećući lonac četiri puta. Otklopite posudu i okrenite piletinu. Ponovno pokrijte folijom i kuhajte na jakoj vatri još 7 minuta. Ostavite sa strane 5 minuta prije posluživanja.

Cheesecake s voćem i maslacem od orašastih plodova

Poslužuje 8–10

Kolač od sira u kontinentalnom stilu, kakav možete pronaći u vrhunskim pekarnicama.

45 ml/3 žlice nasjeckanih badema.
75g/3 oz/2/3 šalice maslaca
175 g/6 oz/1½ šalice zobenih kolačića ili mrvica od graham krekera
450 g/1 lb/2 šalice svježeg sira (glatkog), na sobnoj temperaturi
125 g/4 oz/½ šalice šećera u prahu (vrlo finog).
15 ml/1 žlica kukuruznog brašna
3 jaja, na kuhinjskoj temperaturi, istučena
Sok od pola svježe limete ili limuna
30 ml/2 žlice grožđica

Stavite bademe na tanjur i pecite nepoklopljene 2-3 minute. Otopite maslac, bez poklopca, u načinu rada za odmrzavanje 2-2,5 minute. Kalup promjera 20 cm/8 cm namažite maslacem, a dno i stranice prekrijte mrvicama za biskvit. Sir istucite sa svim preostalim sastojcima i pomiješajte s bademima i otopljenim maslacem. Ravnomjerno rasporedite po mrvicama od biskvita i lagano prekrijte kuhinjskim papirom. Kuhajte u načinu odmrzavanja 24 minute, okrećući lonac četiri puta. Izvadite iz mikrovalne i ostavite da se ohladi. Ohladite najmanje 6 sati prije rezanja.

Konzervirani kolač od đumbira

Poslužuje 8

225g/8oz/2 šalice samodizajućeg brašna.
10 ml/2 žličice mješavine začina (pita od jabuka).
125 g maslaca ili margarina na kuhinjskoj temperaturi
125 g/4 oz/½ šalice mekog svijetlosmeđeg šećera
100 g/1 šalica nasjeckanog konzerviranog đumbira u sirupu
2 jaja, istučena
75 ml/5 žlica hladnog mlijeka
Šećer u prahu (konditorski) za posipanje

Čvrsto obložite soufflé promjera 20 cm ili sličnu posudu s ravnim stranicama plastičnom folijom tako da malo visi preko ruba. Prosijte brašno i začine u zdjelu. Sa maslacem ili margarinom sitno samljeti. Rasporedite šećer i đumbir, pazeći da su ravnomjerno raspoređeni. Miješajte dok ne postane glatko s jajima i mlijekom. Kad je smjesa glatka, žlicom je stavljajte u pripremljenu posudu i lagano prekrijte kuhinjskim papirom. Pecite 6,5–7,5 minuta dok se tijesto dobro ne digne i počne skupljati sa strane. Ostavite 15 minuta. Premjestite na žičanu rešetku držeći plastičnu foliju. Uklonite foliju kada se ohladi i spremite kolač u hermetički zatvorenu posudu. Prije posluživanja pospite šećerom u prahu.

Kolač od đumbira s džemom od naranče

Poslužuje 8

Pripremite kao kolač od konzerviranog đumbira, ali u jaja i mlijeko dodajte grubo naribanu koricu 1 manje naranče.

Medena torta sa orasima

Poslužuje 8–10

Zvijezda torte, puna slatkoće i svjetlosti. Grčkog je porijekla, gdje je poznat kao karitopita. Poslužite uz kavu na kraju obroka.

za bazu podataka:
100 g maslaca na kuhinjskoj temperaturi
175 g/6 oz/¾ šalice mekog svijetlosmeđeg šećera
4 jaja na kuhinjskoj temperaturi
5 ml/1 žličica esencije vanilije (ekstrakt)
10 ml/2 žličice sode bikarbone (soda bikarbona)
10 ml / 2 žličice praška za pecivo
5 ml/1 žličica mljevenog cimeta
75 g/3 oz/¾ šalice pšeničnog brašna (višenamjensko).
75 g/3 oz/¾ šalice kukuruznog škroba
100 g/1 šalica nasjeckanih badema.

Za sirup:
200 ml/7 oz/manje od 1 šalice tople vode
60 ml/4 žlice tamnog mekanog smeđeg šećera
5 cm/2 kom smeđi štapić
5 ml/1 žličica soka od limuna
150g/5oz/2/3 šalice svijetlog tamnog meda

Za dekoraciju:
60 ml/4 žlice sjeckanih miješanih orašastih plodova

30 ml/2 žlice svijetlog tamnog meda

Da biste napravili podlogu, pažljivo obložite podlogu i stranice kalupa za sufle od 18 cm/7 inča plastičnom folijom tako da lagano leži na rubu. Stavite sve sastojke osim badema u zdjelu procesora hrane i miješajte dok ne postane glatka i ujednačena. Bademe kratko pritisnite da ne popucaju previše. Smjesu rasporedite u pripremljenu posudu i lagano prekrijte kuhinjskim papirom. Kuhajte 8 minuta, okrećući lonac dva puta, dok se tijesto znatno ne digne i dok se na vrhu ne pojave mjehurići zraka. Ostavite sa strane 5 minuta, zatim prebacite u plitku posudu i uklonite foliju.

Za pripremu sirupa stavite sve sastojke u vrč i kuhajte bez poklopca na jakoj vatri 5-6 minuta ili dok smjesa ne počne mjehuriti. Budite oprezni ako počne kuhati. Ostavite sa strane 2 minute, zatim lagano promiješajte drvenom kuhačom da se sastojci glatko sjedine. Lagano ulijte tijesto na tortu dok ne upije svu tekućinu. Pomiješajte orahe i med u maloj posudi. Zagrijte, nepoklopljene, cijele 1,5 minute. Premažite ili žlicom stavite na vrh torte.

Kolač od meda i đumbira

Poslužuje 10-12

45 ml/3 žlice marmelade od naranče

225 g/8 oz/1 šalica svijetlog tamnog meda
2 jaja
125 ml/1/2 šalice kukuruznog ili suncokretovog ulja
150 ml/¼ pt./2/3 šalice vruće vode
250 g / 9 oz / velikodušno 2 šalice samodizajućeg brašna
(samodizajućeg)
5 ml/1 žličica sode bikarbone (soda bikarbona)
3 žličice mljevenog đumbira
10 ml/2 žličice mljevene pimente
5 ml/1 žličica mljevenog cimeta

Duboku posudu za sufle zapremine 1,75 litara/3 komada/7½ šalica obložite folijom za hranu (plastičnom) tako da malo viri preko ruba. Stavite marmeladu, med, jaja, ulje i vodu u multipraktik i miksajte dok ne postane glatko, a zatim isključite. Prosijte sve preostale sastojke i žlicom ih stavite u zdjelu procesora. Pustite stroj dok se smjesa dobro ne sjedini. Žlicom stavljati u pripremljenu posudu i lagano pokriti kuhinjskim papirom. Pecite 10-10½ minuta, dok se kolač dobro ne digne i vrh ne bude prekriven malim otvorima za zrak. Ostavite da se gotovo potpuno ohladi u posudi, a zatim prebacite na rešetku prekrivenu plastičnom folijom. Pažljivo skinuti foliju i ostaviti da se potpuno ohladi. Čuvajte u hermetički zatvorenoj posudi jedan dan prije rezanja.

Kolač sa sirupom od đumbira

Poslužuje 10-12

Pripremite kao kolač od meda i đumbira, ali med zamijenite zlatnim sirupom (svijetli kukuruz).

tradicionalni đumbir

Poslužuje 8–10

Zimska priča u najboljem izdanju, koju morate imati za Noć vještica i noć Guya Fawkesa.

175g/6oz/1½ šalice glatkog (višenamjenskog) brašna.
15 ml/1 žlica mljevenog đumbira
5 ml/1 žličica mljevene pimente
10 ml/2 žličice sode bikarbone (soda bikarbona)
125 g/1/3 šalice zlatnog sirupa (svijetli kukuruz).
25 ml/1½ žlice crne melase (melase)
30 ml/2 žlice tamnog mekanog smeđeg šećera
45 ml / 3 žlice svinjske masti ili bijele jestive masnoće (skraćivanje)
1 veliko jaje, istučeno
60 ml/4 žlice hladnog mlijeka

Pažljivo obložite dno i stranice kalupa za sufle promjera 15 cm/6 inča plastičnom folijom, pustite da vrlo malo visi preko ruba. U zdjelu prosijte brašno, đumbir, začine i sodu bikarbonu. Stavite sirup, led, šećer i mast u drugu posudu i zagrijte bez poklopca 2½ do 3 minute dok se mast ne otopi. Dobro promiješajte da se sjedini. Vilicom pomiješajte suhe sastojke s jajetom i mlijekom. Kad se dobro sjedini, premjestiti u pripremljenu posudu i malo pokriti kuhinjskim papirom.

Sve zajedno kuhajte 3-4 minute dok se medenjaci dobro ne dignu i malo zasjaje odozgo. Ostavite 10 minuta. Premjestite na žičanu rešetku držeći plastičnu foliju. Uklonite plastičnu foliju i čuvajte medenjake u hermetički zatvorenoj posudi 1-2 dana prije rezanja.

Narančasti medenjak

Poslužuje 8–10

Pripremite kao tradicionalni đumbir, ali u jaje i mlijeko dodajte sitno naribanu koricu 1 male naranče.

Kolač od kave od marelice

Poslužuje 8

4 digestiv keksa (graham krekeri), sitno izmrvljena
225 g/8 oz/1 šalica maslaca ili margarina kuhinjske temperature
225 g/8 oz/1 šalica mekog tamno smeđeg šećera
4 jaja na kuhinjskoj temperaturi
225g/8oz/2 šalice samodizajućeg brašna.
75 ml/5 žlica esencije kave i cikorije (ekstrakt)
425g/14oz/1 velika konzerva polovica marelica, ocijeđenih
300 ml/½ šalice/1¼ šalice duple (guste) kreme.
90 ml/6 žlica nasjeckanih badema, prženih

Premažite dva plitka kalupa od 20 cm/8 inča otopljenim maslacem, a zatim obložite dno i stranice krušnim mrvicama. Miksajte maslac ili margarin sa šećerom dok ne postane svijetlo i pjenasto. Umutiti jedno po jedno jaje dodajući u svako 15 ml/1 žlicu brašna. Dodajte preostalo brašno naizmjenično s 45 ml/3 žlice esencije od kave. Ravnomjerno rasporedite u pripremljene posude i pokrijte kuhinjskim papirom. Kuhajte jednu po jednu na visokoj temperaturi 5 minuta. Ostavite da se ohladi na tanjurima 5 minuta, a zatim premjestite na rešetku. Nasjeckajte tri marelice, a ostale ostavite sa strane. Miješajte vrhnje s preostalom esencijom kave dok se ne zgusne. Od vrhnja odvojite otprilike četvrtinu i pomiješajte s nasjeckanim marelicama. Koristite za sendvič kolače zajedno. Gornju i bočnu stranu premažite preostalom kremom.

Rum ananas torta

Poslužuje 8

Pripremite kao kolač od kave s marelicama, ali izostavite marelice. Kremu umjesto esencije (ekstrakta) kave začinite s 30 ml/2 žlice tamnog ruma. U tri četvrtine kreme umiješajte 2 koluta ananasa iz konzerve narezana na kockice i upotrijebite za slaganje kolača. Gornju i bočnu stranu premažite preostalom kremom i ukrasite kriškama ananasa prerezanim na pola. Po želji nadjev glazurom od zelenih i žutih višanja (džem).

Bogati božićni kolač

Radi 1 veliku obiteljsku tortu

Raskošna torta, puna blagdanskog sjaja i dobro osnažena alkoholom. Neka bude običan ili ga prelijte marcipanom (tijesto od badema) i bijelom glazurom (glazurom).

200ml/7oz/nešto manje od 1 šalice slatkog šerija
75 ml/5 žlica rakije
5 ml/1 žličica mješavine začina (pita od jabuka).
5 ml/1 žličica esencije vanilije (ekstrakt)
10 ml/2 žličice tamnog mekanog smeđeg šećera
350 g/12 oz/2 šalice miješanog suhog voća (mješavina za voćni kolač)
15 ml/1 žlica usitnjene miješane kore
15 ml/1 žlica glazure od crvenih višanja (džem).
50 g / 1/3 šalice suhih marelica
50 g/1/3 šalice nasjeckanih datulja
Sitno naribana korica 1 manje naranče
50 g/2 oz/½ šalice nasjeckanih oraha
125 g/1/2 šalice neslanog (slatkog) maslaca, otopljenog
175 g/6 oz/¾ šalice tamnog mekanog smeđeg šećera
125g/4oz/1 šalica samodizajućeg brašna.
3 manja jaja

Stavite šeri i brendi u veliku zdjelu za miješanje. Pokrijte tanjurom i kuhajte na jakoj vatri 3-4 minute dok smjesa ne počne mjehuriti. Dodajte začine, vaniliju, 10 ml/2 žličice smeđeg šećera, suho voće, naribanu koru, višnje, marelice, datulje, narančinu koricu i orahe. Dobro izmiješajte. Pokrijte tanjurom i zagrijavajte u režimu odmrzavanja 15 minuta, miješajući četiri puta. Ostavite preko noći da okusi sazriju. Kalup za sufle od 20 cm/8 pažljivo obložite folijom za hranu (plastičnom) tako da malo viri preko ruba. Pomiješajte maslac, smeđi šećer, brašno i jaja u smjesu za kolače. Žlicom stavljati u pripremljenu posudu i pokriti kuhinjskim papirom. Kuhajte u načinu odmrzavanja 30 minuta, okrećući četiri puta. Ostavite u mikrovalnoj pećnici 10 minuta. Ohladite do mlakog, a zatim pažljivo premjestite na rešetku prekrivenu plastičnom folijom. Uklonite plastičnu foliju kada se kolač ohladi. Za spremanje zamotajte u duplu debljinu papira za pečenje (voštani), pa opet zamotajte u foliju. Čuvajte na hladnom mjestu oko dva tjedna prije prekrivanja i glazure.

Brza Simnel torta

Radi 1 veliku obiteljsku tortu

Slijedite recept za bogati božićni kolač i čuvajte ga dva tjedna. Dan prije posluživanja prerežite tortu na pola da napravite dva sloja. Obje strane reza premažite otopljenim pekmezom od marelica (konzerviranje) i zajedno s 225-300 g/8-11 oz marcipana (tijesto od badema) rasporedite u deblju okruglu tortu. Ukrasite vrh minijaturnim uskršnjim jajima i pilićima kupljenim u trgovini.

Kolač sa sjemenkama

Poslužuje 8

Suvenir iz davnih vremena, poznat u Walesu kao kolač za šišanje.

225g/8oz/2 šalice samodizajućeg brašna.
125 g putera ili margarina

175 g/6 oz/¾ šalice mekog svijetlosmeđeg šećera
Sitno naribana korica 1 limuna
10–20 ml/2–4 žličice kumina
10 ml/2 žličice naribanog muškatnog oraščića
2 jaja, istučena
150 ml/¼ pt./2/3 šalice hladnog mlijeka
75 ml/5 žlica prosijanog (konditorskog) šećera u prahu
10–15 ml/2–3 žličice soka od limuna

Dno i stranice kalupa za sufle promjera 20 cm dobro obložite folijom za hranu (plastičnom) tako da vrlo malo visi preko ruba. U zdjelu prosijati brašno i utrljati ga s maslacem ili margarinom. Dodajte smeđi šećer, koricu limuna, kumin i muškatni oraščić te izmiješajte jaja i mlijeko vilicom dok smjesa ne postane glatka i sasvim mekana. Prebacite u pripremljenu posudu i prekrijte kuhinjskim papirom. Kuhajte 7-8 minuta dva puta okrećući posudu dok tijesto ne naraste na površinu posude i dok se površina ne ukrasi rupicama. Ostavite sa strane 6 minuta, zatim preokrenite na rešetku. Kada se potpuno ohladi, skinite foliju i zatim tortu okrenite pravom stranom prema gore. Pomiješajte šećer u prahu i limunov sok da napravite gustu pastu.

Jednostavan voćni kolač

Poslužuje 8

225g/8oz/2 šalice samodizajućeg brašna.
10 ml/2 žličice mješavine začina (pita od jabuka).
125 g putera ili margarina
125 g/4 oz/½ šalice mekog svijetlosmeđeg šećera
175g/6oz/1 šalica miješanog sušenog voća (mješavina za voćni kolač)
2 jaja
75 ml/5 žlica hladnog mlijeka

75 ml/5 žlica šećera u prahu (konditorskog).

Posudu za sufle od 18 cm/7 inča pažljivo obložite folijom za hranu (plastičnom) tako da malo prelazi rub. Prosijte brašno i začine u zdjelu i utrljajte ih maslacem ili margarinom. Dodajte šećer i suho voće. Umutite jaja i mlijeko i ulijte u suhe sastojke, miješajući vilicom dok smjesa ne postane mekana i glatka. Žlicom stavljati u pripremljenu posudu i pokriti kuhinjskim papirom. Kuhajte 6½-7 minuta dok se tijesto dobro ne digne i ne počne se odvajati od stijenki posude. Izvadite iz mikrovalne i ostavite 10 minuta. Premjestite na žičanu rešetku držeći plastičnu foliju. Kad se potpuno ohladi, skinite foliju i površinu pospite prosijanim šećerom u prahu.

Kolač od datulja i oraha

Poslužuje 8

Pripremite kao jednostavan voćni kolač, ali sušeno voće zamijenite mješavinom nasjeckanih datulja i orašastih plodova.

Zunna torta

Poslužuje 8

Ovaj prekooceanski uvoz, nekoć nazivan rajskim kolačem, s nama je već dugi niz godina i nikada ne gubi na atraktivnosti.

Na torti:

3-4 mrkve, narezane na komade

50 g oraha u komadima

50 g / 2 oz / ½ šalice nasjeckanih pakiranih datulja, obloženih šećerom

175 g/6 oz/¾ šalice mekog svijetlosmeđeg šećera

2 velika jaja na sobnoj temperaturi

175 ml/6 oz/¾ šalice suncokretovog ulja

5 ml/1 žličica esencije vanilije (ekstrakt)

30 ml / 2 žlice hladnog mlijeka

150 g/5 oz/1¼ šalice glatkog brašna (višenamjenskog).
5 ml/1 žličica praška za pecivo
4 ml/¾ žličice sode bikarbone (soda bikarbona)
5 ml/1 žličica mješavine začina (pita od jabuka).

Za glazuru od krem sira:
175 g/6 oz/¾ šalice punomasnog krem sira na sobnoj temperaturi
5 ml/1 žličica esencije vanilije (ekstrakt)
75 g/3 oz/½ šalice (konditorskog) šećera u prahu, prosijanog
15 ml/1 žlica svježe iscijeđenog soka od limuna

Za izradu kolača namažite okrugli kalup za mikrovalnu pećnicu promjera 20 cm uljem i dno obložite neljepljivim papirom za pečenje. Stavite mrkvu i komade oraha u blender ili procesor hrane i pokrenite procesor dok oboje ne bude grubo nasjeckano. Stavite u zdjelu i pomiješajte s datuljama, šećerom, jajima, uljem, aromom vanilije i mlijekom. Prosijte suhe sastojke pa vilicom pomiješajte s mrkvom. Prebacite u pripremljeni pleh. Pokrijte plastičnom folijom i preklopite dvaput da para izlazi. Kuhajte 6 minuta, okrećući tri puta. Ostavite sa strane 15 minuta, zatim preokrenite na rešetku. Uklonite papir. Kad se potpuno ohladi, preokrenite na tanjur.

Za glazuru od krem sira tucite sir dok ne postane glatko. Dodajte preostale sastojke i lagano miješajte dok ne postane glatko. Deblje namazati po vrhu torte.

Kolač od pastrnjaka

Poslužuje 8

Pripremite kao kolač od mrkve, ali umjesto mrkve dodajte 3 manja pastrnjaka.

kolač od bundeve

Poslužuje 8

Pripremite kao kolač od mrkve, ali zamijenite mrkvu oguljenom bundevom, ostavite srednji komad, koji bi trebao dati oko 175 g pulpe i sjemenki. Tamno smeđi šećer zamijenite blagim začinima, a alevu papriku mješavinom začina (jabuka).

Skandinavska torta od kardamoma

Poslužuje 8

Kardamom se često koristi u skandinavskom pečenju, a ovaj kolač tipičan je primjer egzotike sjeverne hemisfere. Ako imate problema s nabavom mljevenog kardamoma, pokušajte u lokalnoj trgovini etno hranom.

Na torti:

175g/6oz/1½ šalice samodizajućeg brašna.
2,5 ml/½ žličice praška za pecivo
75 g putera ili margarina na kuhinjskoj temperaturi
75 g/3 oz/2/3 šalice svijetlog, mekog smeđeg šećera
10 ml/2 žličice mljevenog kardamoma
1 jaje
Hladno mlijeko

Za preljev:
30 ml/2 žlice nasjeckanih badema, prženih
30 ml / 2 žlice svijetlo mekog smeđeg šećera
5 ml/1 žličica mljevenog cimeta

Posudu dubine 16,5 cm/promjera 6½ obložite prozirnom folijom (plastičnom) tako da malo visi preko ruba. U zdjelu prosijati brašno i prašak za pecivo i utrljati ih maslacem ili margarinom. Dodajte šećer i kardamom. Razmutite jaje u posudi za mjerenje i dodajte ga u 150 ml mlijeka. Suhe sastojke izmiješajte vilicom dok se dobro ne sjedine, ali izbjegavajte pretjerano mućenje. Ulijte u pripremljenu posudu. Pomiješajte sastojke za glazuru i pospite tortu. Pokrijte plastičnom folijom i prelomite dva puta da para izađe. Kuhajte 4 minute, okrećući dva puta. Ostavite sa strane 10 minuta, zatim pažljivo premjestite na rešetku držeći za prozirnu foliju. Pažljivo uklonite plastičnu foliju kada se kolač ohladi.

Kruh s voćnim čajem

Pravi 8 kriški

225 g/8 oz/1 1/3 šalice miješanog suhog voća (mješavina za voćni kolač)
100 g/3½ oz/½ šalice tamnog mekanog smeđeg šećera
30 ml/2 žlice jakog hladnog crnog čaja
100 g/1 šalica cjelovitog zrna samodizajućeg brašna (samodizajućeg)
5 ml/1 žličica mljevene pimente
1 jaje, na kuhinjskoj temperaturi, istučeno
8 cijelih badema, blanširanih
30 ml/2 žlice zlatnog sirupa (svijetli kukuruz).
Maslac, za mazanje

Dno i stranice kalupa za sufle od 15 cm/6 inča čvrsto obložite plastičnom folijom tako da malo visi sa strane. Voće, šećer i čaj stavite u posudu, poklopite tanjurom i kuhajte na jakoj vatri 5 minuta. Brašno, začine i jaja izmiješajte vilicom, pa prebacite u pripremljenu posudu. Na vrh stavite bademe. Lagano pokrijte kuhinjskim papirom i kuhajte u načinu rada za odmrzavanje 8-9 minuta dok se tijesto dobro ne digne i počne odvajati od stijenki lonca. Ostavite sa strane 10 minuta, zatim prebacite na rešetku prekrivenu plastičnom folijom. Zagrijte sirup u šalici u načinu rada za odmrzavanje 1,5 minute. Skinite foliju sa torte i površinu isperite zagrijanim sirupom. Poslužite narezano i namazano maslacem.

Viktorijanska sendvič torta

Poslužuje 8

175g/6oz/1½ šalice samodizajućeg brašna.
175 g putera ili margarina na kuhinjskoj temperaturi
175 g/6 oz/¾ šalice šećera u prahu (vrlo finog).
3 jaja na kuhinjskoj temperaturi
45 ml/3 žlice hladnog mlijeka
45 ml/3 žlice džema (iz konzerve)
120 ml/4 fl oz/½ šalice dvostrukog (teškog) ili tučenog vrhnja
Šećer u prahu (konditorski) prosijani za posipanje

Dno i stranice dviju plitkih posuda promjera 20 cm obložite folijom za hranu (plastičnom), tako da vrlo malo visi preko ruba. Prosijte brašno na tanjur. Miješajte maslac ili margarin sa šećerom dok smjesa ne postane svijetla i pjenasta i ima konzistenciju šlaga. Umutiti jedno po jedno jaje dodajući u svako 15 ml/1 žlicu brašna. Velikom metalnom žlicom dodajte preostalo brašno naizmjenično s mlijekom.

Ravnomjerno rasporedite u pripremljene posude. Labavo prekrijte kuhinjskim papirom. Kuhajte jednu po jednu na jakoj vatri 4 minute. Ostavite da se ohladi do mlakog, zatim preokrenite na rešetku. Skinuti foliju i ostaviti da se potpuno ohladi. Složite sendvič s pekmezom i šlagom, a prije posluživanja vrh pospite šećerom u prahu.

Kolač od oraha

Poslužuje 8

175g/6oz/1½ šalice samodizajućeg brašna.
175 g putera ili margarina na kuhinjskoj temperaturi
5 ml/1 žličica esencije vanilije (ekstrakt)
175 g/6 oz/¾ šalice šećera u prahu (vrlo finog).
3 jaja na kuhinjskoj temperaturi
50 g/2 oz/½ šalice oraha, sitno nasjeckanih
45 ml/3 žlice hladnog mlijeka
2 količine glazure od putera
16 polovica oraha za ukras

Dno i stranice dviju plitkih posuda promjera 20 cm obložite folijom za hranu (plastičnom), tako da vrlo malo visi preko ruba. Prosijte brašno na tanjur. Miksajte maslac ili margarin, aromu vanilije i šećer dok ne postane svijetlo i pjenasto, gustoće šlaga. Umutiti jedno po jedno jaje dodajući u svako 15 ml/1 žlicu brašna. Koristeći veliku metalnu žlicu, umiješajte orahe u preostalo brašno, naizmjenično s mlijekom. Ravnomjerno rasporedite u pripremljene posude. Labavo prekrijte kuhinjskim papirom. Kuhajte jednu po jednu na jakoj vatri 4,5 minute.

Ostavite da se ohladi do mlakog, zatim preokrenite na rešetku. Skinuti foliju i ostaviti da se potpuno ohladi. Sendvič sa pola leda (šlag) a ostatak na kolač.

Torta od skakavca

Poslužuje 8

Pripremite kao Victoria tijesto za sendviče, ali zamijenite 25 g kukuruznog brašna i 25 g praha rogača s 50 g brašna. Sendvič s vrhnjem i/ili konzerviranim ili svježim voćem. U sastojke kreme po želji dodajte 5 ml/1 žličicu esencije (ekstrakta) vanilije.

Jednostavan čokoladni kolač

Poslužuje 8

Pripremite kao Victoria sendvič tortu, ali zamijenite 25 g kukuruznog škroba (kukuruzni škrob) i 25 g kakao praha (nezaslađena čokolada) za 50 g brašna. Sendvič s vrhnjem i/ili čokoladnim namazom.

Kolač od badema

Poslužuje 8

Pripremite kao Victoria sendvič tortu, ali 40 g mljevenih badema zamijenite istom količinom brašna. Začinite sastojke kreme s 2,5–5 ml/½–1 žličicom esencije (ekstrakta) badema. Sendvič zajedno s glatkim džemom od marelica (džem) i tankim slojem marcipana (pasta od badema).

Viktorijanska torta

Poslužuje 8

Pripremite poput Victoria sendvič torte ili bilo koje druge varijante. Sendvič s glazurom od vrhnja ili maslaca (glazura) i/ili džemom (konzerviranim), čokoladnom pastom, maslacem od kikirikija, krem sirom od naranče ili limuna, marmeladom od naranče, nadjevom od konzerviranog voća, medom ili marcipanom (tijesto od badema). Premažite vrh i strane kremom od maslaca ili glazurom. Ukrašeno svježim ili konzerviranim voćem, orašastim plodovima ili dražejama. Kako bi torta bila još bogatija, svaku pečenu koru prerežite na pola na ukupno četiri kore prije filovanja.

Čajni biskvit

Izrađuje 6 kriški

75 g/3 oz/2/3 šalice (vrlo finog) šećera u prahu
3 jaja na kuhinjskoj temperaturi
75 g/3 oz/¾ šalice pšeničnog brašna (višenamjensko).
90 ml/6 žlica vrhnja za šlag (u trudnoći) ili dok se ne umuti
45 ml/3 žlice džema (iz konzerve)
Šećer u prahu (jako sitan) za posipanje

Dno i stranice kalupa za soufflé promjera 18 cm/7 cm obložite folijom za hranu (plastičnom), tako da malo viri preko ruba. Stavite šećer u toplu zdjelu, bez poklopca, na način odmrzavanja na 30 sekundi. Dodajte jaja i tucite dok se smjesa ne zgusne do gustine šlaga. Polako i lagano rezati, pa metalnom žlicom pomiješati s brašnom. Nemojte lupati ili tresti. Kada se sastojci dobro sjedine prebaciti u pripremljenu posudu. Malo pokrijte kuhinjskim papirom i kuhajte točno 4 minute. Ostavite sa strane 10 minuta, zatim prebacite na rešetku prekrivenu plastičnom folijom. Nakon što se ohladi, uklonite plastičnu foliju. Prepolovite i rasporedite kremom i džemom. Prije posluživanja vrh pospite šećerom u prahu.

Biskvit od limuna

Izrađuje 6 kriški

Pripremite kao biskvit u vrtiću, ali u zagrijanu smjesu jaja i šećera dodajte 10 ml/2 žličice sitno naribane limunove korice neposredno prije dodavanja brašna. Sendvič s lemon curdom i gustim vrhnjem.

Narančasti biskvit

Izrađuje 6 kriški

Pripremite kao vrtićki biskvit, ali u zagrijanu smjesu jaja i šećera dodajte 10 ml/2 žličice sitno naribane narančine kore neposredno prije dodavanja brašna. Sendvič s čokoladnom kremom i gustom kremom.

Espresso kolač od kave

Poslužuje 8

250g/8oz/2 šalice samodizajućeg brašna.
15 ml/1 žlica/2 vrećice instant espresso kave u prahu
125 g putera ili margarina
125 g/4 oz/½ šalice mekog tamno smeđeg šećera
2 jaja, sobne temperature
75 ml/5 žlica hladnog mlijeka

Dno i stranice kalupa za soufflé promjera 18 cm/7 cm obložite folijom za hranu (plastičnom), tako da malo viri preko ruba. U zdjelu prosijte brašno i kavu u prahu i utrljajte ih maslacem ili margarinom. Dodajte šećer. Jaja i mlijeko dobro izmiješajte, pa vilicom ravnomjerno pomiješajte sa suhim sastojcima. Žlicom stavljati u pripremljenu posudu i pokriti kuhinjskim papirom. Kuhajte 6½-7 minuta dok se tijesto dobro ne digne i ne počne se odvajati od stijenki posude. Ostavite 10 minuta. Premjestite na žičanu rešetku držeći plastičnu foliju. Nakon što se potpuno ohladi, uklonite plastičnu foliju i spremite kolač u hermetički zatvorenu posudu.

Espresso kolač od kave s ledom od naranče

Poslužuje 8

Napravite kolač od espresso kave. Oko 2 sata prije posluživanja pripremite gustu glazuru miješanjem 175 g/6 oz/1 šalice šećera u prahu s dovoljno soka od naranče da dobijete glazuru poput paste. Premažite tortu odozgo, pa ukrasite ribanom čokoladom, sjeckanim orasima, stotinama i tisućama itd.

Kremasti kolač od espresso kave

Poslužuje 8

Napravite kolač od espresso kave i izrežite ga na dva sloja. Umutite 300 ml/½ dijela/1¼ šalice dvostrukog (gustog) vrhnja sa 60 ml/4 žlice hladnog mlijeka dok se ne zgusne. Zasladite sa 45 ml/3 žlice šećera u prahu (vrlo sitnog) i začinite mljevenim espressom po ukusu. Upotrijebite malo za slojeve, a zatim ostatak debelo rasporedite po vrhu i stranama torte. Po vrhu posuti lješnjacima.

Kolačići s grožđicama

Čini 12

125g/4oz/1 šalica samodizajućeg brašna.
50 g putera ili margarina
50 g/2 oz/¼ šalice šećera u prahu (vrlo finog).

30 ml/2 žlice grožđica

1 jaje

30 ml / 2 žlice hladnog mlijeka

2,5 ml/½ žličice esencije vanilije (ekstrakt)

Šećer u prahu (konditorski) za posipanje

Prosijte brašno u zdjelu i utrljajte ga s maslacem ili margarinom. Dodajte šećer i grožđice. Umutiti jaje s mlijekom i esencijom vanilije te vilicom pomiješati suhe sastojke, mijesiti dok ne dobijete mekano tijesto bez mućenja. Podijelite na 12 papirnatih kolačića i stavite po šest na tanjur za mikrovalnu pećnicu. Labavo prekrijte kuhinjskim papirom. Kuhajte do kraja 2 minute. Prebacite na rešetku da se ohladi. Nakon hlađenja pospite prosijanim šećerom u prahu. Čuvati u hermetički zatvorenoj posudi.

kolačići od kokosa

Čini 12

Pripremite kao u slučaju Raisin Cup Cakes, ali umjesto grožđica dodajte 25 ml/1½ žlice kokosovih pahuljica i povećajte količinu mlijeka na 25 ml/1½ žlice.

Čokoladni kolači

Čini 12

Pripremite kao u slučaju Raisin Cup Cakes, ali zamijenite grožđice s 30 ml/2 žlice komadića čokolade.

Kolač sa začinima od banane

Poslužuje 8

3 velike zrele banane
175 g/6 oz/¾ šalice margarina i bijelog masti na sobnoj temperaturi
175 g/6 oz/¾ šalice tamnog mekanog smeđeg šećera
10 ml / 2 žličice praška za pecivo

5 ml/1 žličica mljevene pimente
225 g / 8 oz / 2 šalice smeđeg sladnog brašna, poput žitnog brašna
1 veliko jaje, istučeno
15 ml/1 žlica nasjeckanih pekan oraha
100 g/2/3 šalice nasjeckanih datulja

Dno i stranice kalupa za sufle promjera 20 cm dobro obložite folijom za hranu (plastičnom) tako da vrlo malo visi preko ruba. Ogulite banane i dobro ih zgnječite u zdjeli. Umutiti obje masnoće. Umiješajte šećer. U brašno dodati prašak za pecivo i alevu papriku. Vilicom pomiješajte smjesu od banana s jajetom, orasima i datuljama. Ravnomjerno rasporedite u pripremljenu posudu. Lagano pokrijte kuhinjskim papirom i kuhajte na jakoj vatri 11 minuta okrećući lonac tri puta. Ostavite 10 minuta. Premjestite na žičanu rešetku držeći plastičnu foliju. Potpuno ohladite, zatim uklonite plastičnu foliju i kolač spremite u hermetički zatvorenu posudu.

Kolač od banane i začina s glazurom od ananasa

Poslužuje 8

Napravite začinski kolač od banane. Otprilike 2 sata prije posluživanja prelijte tortu gustom glazurom koju ste napravili tako što ste u zdjelu prosijali 175 g/6 oz/1 šalice šećera u prahu (bombona) i pomiješali s nekoliko kapi soka od ananasa dok ne postane pasta. Kad se stegne, ukrasite osušenim čipsom od banane.

Sladoled od maslaca

Čini 225g/8oz/1 šalicu

75 g maslaca na kuhinjskoj temperaturi
175 g/6 oz/1 šalica (konditorskog) šećera u prahu, prosijanog
10 ml/2 žličice hladnog mlijeka
5 ml/1 žličica esencije vanilije (ekstrakt)
Šećer u prahu (konditorski), za posipanje (po želji)

Pjenasto izradite maslac dok ne posvijetli, pa postepeno dodajte šećer dok smjesa ne postane svijetla, rahla i udvostruči volumen. Pomiješajte mlijeko i aromu vanilije i tucite glazuru dok ne postane glatka i gusta.

Glazura od čokolade

Čini 350g/12oz/1½ šalice

Glazura u američkom stilu korisna je za glazuru svake obične torte.

30 ml/2 žlice maslaca ili margarina
60 ml/4 žlice mlijeka
30 ml/2 žlice kakaa u prahu (nezaslađena čokolada).
5 ml/1 žličica esencije vanilije (ekstrakt)

300 g/10 oz/1 2/3 šalice (konditorskog) šećera u prahu, prosijanog

U zdjelu stavite maslac ili margarin, mlijeko, kakao i aromu vanilije. Kuhajte nepoklopljeno u načinu odmrzavanja 4 minute, dok se ne zagrije i dok se mast ne otopi. Tucite prosijani šećer u prahu dok glazura ne postane glatka i prilično gusta. Koristiti odmah.

Klinovi za zdravlje voća

Čini 8

100 g suhih kolutića jabuka
75 g/3 oz/¾ šalice integralnog pšeničnog samodizajućeg brašna
75 g/3 oz/¾ šalice zobenih pahuljica
75g/3 oz/2/3 šalice margarina
75g/3oz/2/3 šalice tamnog mekanog smeđeg šećera
6 suhih kalifornijskih šljiva, nasjeckanih

Kolutiće jabuka namočite preko noći u vodi. Dno i stranice plitke posude promjera 18 cm/7 cm dobro obložite prozirnom folijom (plastičnom) tako da malo visi preko ruba. U zdjelu sipati brašno i zobene pahuljice, dodati margarin i trljati vrhovima prstiju. Umiješajte šećer da napravite mrvice. Premažite polovinu temeljca pripremljenog jela. Ocijedite i narežite jabuke na kolutove. Lagano utisnite suhe šljive u zobenu smjesu. Ravnomjerno pospite preostalu mješavinu zobi. Kuhajte potpuno nepoklopljeno 5½–6 minuta. Ostavite da se potpuno ohladi u loncu. Razmotajte, držeći prozirnu foliju, zatim uklonite prozirnu foliju i izrežite na kriške. Čuvati u hermetički zatvorenoj posudi.

Plodovi marelice zdravstveni klinovi

Čini 8

Međutim, pripremite se za zdrave voćne komade

šljive zamijenite sa 6 suhih, dobro opranih marelica.

Prhko tijesto

Pravi 12 klinova

225 g/8 oz/1 šalica neslanog (slatkog) maslaca, kuhinjske temperature
125 g/1/2 šalice šećera u prahu (vrlo sitnog) plus dodatak za posipanje
350 g/12 oz/3 šalice pšeničnog brašna (višenamjensko).

Gray and basic line deep dish promjera 20 cm/8. Miksajte maslac i šećer dok ne postanu svijetli i pjenasti, zatim pomiješajte s brašnom dok ne postane glatko i ujednačeno. Ravnomjerno rasporedite po pripremljenoj posudi i sve izdubite vilicom. Kuhajte nepoklopljeno u načinu odmrzavanja 20 minuta. Izvadite iz mikrovalne i pospite sa 15 ml/1 žlicom šećera u prahu. Izrežite na 12 klinova dok je još malo toplo. Pažljivo prebacite na rešetku i ostavite da se potpuno ohladi. Čuvati u hermetički zatvorenoj posudi.

Ekstra hrskavi kolačići

Pravi 12 klinova

Pripremite kao prhko tijesto, ali 25 g griza (pšenične kreme) zamijenite s 25 g brašna.

Izuzetno glatko prhko tijesto

Pravi 12 klinova

Pripremite kao prhko tijesto, ali 25 g kukuruznog brašna zamijenite s 25 g brašna.

Slano prhko tijesto

Pravi 12 klinova

Pripremite kao prhko tijesto, ali u brašno prosijte 10 ml/2 žličice mješavine začina (pita od jabuka).

Prhko tijesto na nizozemski način

Pravi 12 klinova

Pripremite kao prhko tijesto, ali obično brašno zamijenite samodizajućim i u brašno prosijte 10 ml/2 žličice mljevenog cimeta. Prije kuhanja premažite 15-30 ml/1-2 žlice vrhnja po površini, a zatim lagano utisnite lagano pečene oguljene (narezane) bademe.

Kuglice cimeta

Čini 20

Uskrsni specijalitet, mješavina tijesta za kekse koja se bolje čuva u mikrovalnoj nego pečena na tradicionalan način.

2 veća bjelanjka
125 g/4 oz/½ šalice šećera u prahu (vrlo finog).
30 ml/2 žlice mljevenog cimeta
225 g/8 oz/2 šalice mljevenih badema
Prosijani šećer u prahu (konditorski).

Od bjelanjaka istucite čvrsti snijeg pa dodajte šećer, cimet i bademe. Mokrim rukama oblikujte 20 kuglica. Slažite u dva kruga, jedan u drugi, oko ruba velikog ravnog tanjura. Kuhajte nepoklopljeno na jakoj vatri 8 minuta okrećući tanjur četiri puta. Ohladiti dok se malo ne zagrije, pa uvaljati u šećer u prahu dok se svaki dobro ne obloži. Ostavite da se potpuno ohladi i pohranite u hermetički zatvorenu posudu.

Zlatna rakija puca

Čini 14

Prilično ih je teško napraviti konvencionalno, u mikrovalnoj pećnici rade kao san.

50 g/2 oz/¼ šalice maslaca
50 g/1/6 šalice zlatnog sirupa (svijetli kukuruz).
40 g/3 žlice zlatnog šećera u prahu
40 g/1½ oz/1½ žlice smeđeg sladnog brašna, poput žitnog brašna
2,5 ml/½ žličice mljevenog đumbira
150 ml/¼ pt/2/3 šalice dvostrukog (gustog) ili tučenog vrhnja

Stavite maslac u posudu i otopite ga bez poklopca u načinu odmrzavanja 2-2,5 minute. Dodajte sirup i šećer i dobro promiješajte. Kuhajte potpuno nepoklopljeno 1 minutu. Umiješajte brašno i đumbir. Stavite četiri mjere smjese od 5 ml/1 čajnu žličicu, dobro razmaknute, izravno na stakleni ili plastični okretni tanjur za mikrovalnu pećnicu. Kuhajte cijelu 1½-1¾ minute, dok rakija ne počne smeđiti i izgledati čipkasto na vrhu. Pažljivo izvadite gramofon iz mikrovalne pećnice i ostavite kolačiće da odstoje 5 minuta. Svaki od njih izvadite jedan po jedan nožem za palete. Smotajte dršku velike drvene žlice. Vrhovima prstiju stisnite zglobove prstiju i pomaknite se do ruba posude sa žlicom. Ponovite s preostala tri kolačića. nakon postavljanja, izvadite iz držača i prebacite na žičanu policu za hlađenje. Ponavljajte dok ne potrošite preostalu smjesu. Čuvati u hermetički zatvorenoj posudi. Prije jela, na oba kraja svake rakije iscijedite vrhnje i pojedite isti dan jer omekša kad odstoji.

Snaps od čokoladne rakije

Čini 14

Pripremite se kao Golden Brandy Snaps. Prije nanošenja kreme stavite na lim za pečenje i premažite vrh crnom čokoladom ili otopljenim jajetom. Ostavite da se stegne pa dodajte vrhnje.

lepinje lepinje

Čini oko 8

Mješavina rolade i pogačice, izuzetno su lagani i čine ukusan zalogaj, jedu se još topli, namazani maslacem i pekmezom (konzerviranim) ili medom po izboru.

225 g/8 oz/2 šalice integralnog pšeničnog brašna
5 ml/1 žličica kreme od zubnog kamenca
5 ml/1 žličica sode bikarbone (soda bikarbona)
1,5 ml/¼ žličice soli
20 ml/4 žličice šećera u prahu (vrlo sitnog).
25 g/1 oz/2 žlice maslaca ili margarina
150 ml/¼ pt/2/3 šalice mlaćenice ili je zamijenite mješavinom pola običnog jogurta i pola obranog mlijeka ako nije dostupno

Razmućeno jaje, za premazivanje

Dodajte 5 ml/1 žličicu šećera pomiješanu s 2,5 ml/½ žličice mljevenog cimeta za posipanje

U zdjelu prosijte brašno, tartar, sodu bikarbonu i sol. Dodati šećer i fino izmiksati sa maslacem ili margarinom. Dodajte mlaćenicu (ili zamjenu) i miješajte vilicom dok tijesto ne postane sasvim mekano. Stavite na pobrašnjenu površinu i brzo i lagano mijesite dok ne postane glatko. Ravnomjerno pritisnite na debljinu od 1 cm/½, zatim izrežite krugove pomoću kalupa za kekse promjera 5 cm/2. Ponovno zarolajte ostatke i nastavite rezati na krugove. Stavite na rub maslacem namazanog kalupa za pečenje 25 cm/10 u ravnu posudu. Premažite bjelanjkom i pospite mješavinom šećera i cimeta. Kuhajte nepoklopljeno na jakoj vatri 4 minute okrećući tanjur četiri puta. Ostavite sa strane 4 minute, zatim prebacite na rešetku. Jedite dok je još vruće.

Rolice s grožđicama

Čini oko 8

Pripremite kao Bun Scones, ali u šećer dodajte 15 ml/1 žlicu grožđica.

Kruh

Svaka tekućina koja se koristi za pečenje kvasca treba biti mlaka - ne vruća ili hladna. Najbolji način da postignete odgovarajuću temperaturu je miješati pola kipuće tekućine s pola hladne. Ako vam je i dalje topao nakon umakanja drugog malog prsta, malo ga ohladite prije upotrebe. Prevruća tekućina je veći problem od prehladne jer može ubiti kvasac i spriječiti dizanje kruha.

Osnovno tijesto za bijeli kruh

Radi jednu štrucu

Brzo tijesto za kruh za one koji vole peći, ali nemaju vremena.

450 g / 1 lb / 4 šalice jakog pšeničnog (krušnog) brašna
5 ml/1 žličica soli
1 vrećica Easy Mix suhog kvasca
30 ml/2 žlice maslaca, margarina, masti ili svinjske masti
300 ml/½ pt/1¼ šalice mlake vode

U zdjelu prosijte brašno i sol. Zagrijte nepoklopljeno u načinu odmrzavanja 1 minutu. Dodati kvasac i utrljati masnoćom. Pomiješajte s vodom u tijesto. Mijesite na pobrašnjenoj površini dok ne postane glatko, elastično i ne bude više ljepljivo. Vratiti u zdjelu očišćene i osušene, ali sada malo namašćene. Samu zdjelu, a ne tijesto, pokrijte plastičnom folijom i preklopite dvaput da para izlazi. Zagrijte u načinu odmrzavanja 1 minutu. Ostavite u mikrovalnoj pećnici 5 minuta. Ponovite tri ili četiri puta dok se tijesto ne udvostruči. Ponovno brzo izmijesite i zatim upotrijebite kao u tradicionalnim receptima ili u receptima za mikrovalnu u nastavku.

Osnovno tijesto za smeđi kruh

Radi jednu štrucu

Slijedite recept za osnovno tijesto za bijeli kruh, ali umjesto jakog (običnog) brašna za kruh koristite jedno od sljedećeg:

- pola integralnog brašna i pola integralnog pšeničnog brašna
- integralno brašno
- pola cijelog ječmenog i pola bijelog brašna
-

Osnovno tijesto za kruh s mlijekom

Radi jednu štrucu

Slijedite recept za osnovno tijesto za bijeli kruh, ali umjesto vode koristite nešto od sljedećeg:
- punomasno obrano mlijeko
- pola punomasnog mlijeka i pola vode

Bap Loaf

Radi jednu štrucu

Mekani kruh s laganom koricom, koji se češće jede na sjeveru Britanije nego na jugu.

Ponesite osnovno tijesto za bijeli kruh, osnovno tijesto za crni kruh ili osnovno tijesto za mliječni kruh. Brzo i lagano mijesiti nakon prvog dizanja pa oblikovati krug debljine oko 5 cm. Stanite na ravnu okruglu ploču s masnoćom i brašnom. Pokrijte kuhinjskim papirom i zagrijavajte na odmrzavanju jednu minutu. Ostavite sa strane 4 minute.

Ponovite tri ili četiri puta dok se tijesto ne udvostruči. Pospite bijelim ili smeđim brašnom. Kuhajte potpuno nepoklopljeno 4 minute. Ohladite na rešetki.

Bap kiflice

Čini 16

Ponesite osnovno tijesto za bijeli kruh, osnovno tijesto za crni kruh ili osnovno tijesto za mliječni kruh. Brzo i lagano umijesiti nakon dodavanja prvog sastojka, pa ravnomjerno podijeliti na 16 dijelova. Formirati pljosnate pogačice. Na rubove dvaju namazanih i pobrašnjenih limova stavite osam štanglica. Pokrijte kuhinjskim papirom i pecite, tanjur po tanjur, na načinu odmrzavanja jednu minutu, zatim odmorite 4 minute i ponovite tri ili četiri puta dok se kiflice ne udvostruče. Pospite bijelim ili smeđim brašnom. Kuhajte potpuno nepoklopljeno 4 minute. Ohladite na rešetki.

Peciva za hamburger

Čini 12

Pripremite kao Bap Rolls, ali tijesto podijelite na 12 dijelova umjesto na 16. Na rub svakog od dva tanjura stavite šest rolada i pecite prema uputama.

Slatke voćne rolice

Čini 16

Pripremite kao Bap Rolls, ali dodajte 60 ml/4 žlice grožđica i 30 ml/2 žlice (vrlo finog) šećera u prahu suhim sastojcima prije miješanja u tekućinu.

Cornish divizije

Čini 16

Pripremite kao Bap Rolls, ali nemojte pobrašniti vrh prije pečenja. Kad se ohladi prepoloviti i puniti šlagom ili šlagom i pekmezom od jagoda ili malina (iz konzerve). Po vrhu obilato pospite prosijanim šećerom u prahu. Jedite isti dan.

Fancy Rolls

Čini 16

Ponesite osnovno tijesto za bijeli kruh, osnovno tijesto za crni kruh ili osnovno tijesto za mliječni kruh. Brzo i lagano umijesiti nakon dodavanja prvog sastojka, pa ravnomjerno podijeliti na 16 dijelova. Oblikujte četiri komada u okrugle kiflice i svakom izrežite prorez na vrhu. Četiri komada smotajte u konopce, svaki dug 20 cm, i zavežite u čvor. Četiri komada oblikujte u male bečke štruce i u svakoj štruci napravite tri dijagonalna reza. Svaki od preostala četiri dijela podijelite na tri, zarolajte u uske konopce i ispletite ih u pletenicu. Sve kiflice stavite u podmazan i pobrašnjen pleh i ostavite na vatri dok se ne udvostruče. Operite površinu jaja i pecite tradicionalno na 230°C/450°F/plinska oznaka 8 15-20 minuta. Izvadite iz pećnice i prebacite rolice na rešetku. pohraniti u

Kiflice sa nadjevima

Čini 16

Pripremite kao Fancy Rolls. Nakon što smo vrhove kiflice premazali jajetom, pospite makom, prženim sezamom, komoračem, zobenim pahuljicama, integralnim brašnom, naribanim tvrdim sirom, krupnom morskom soli i začinskom soli po ukusu.

Kruh od kima

Radi jednu štrucu

Dodajte osnovno tijesto za crni kruh dodavanjem 10-15 ml/2-3 žličice kima suhim sastojcima prije umiješanja u tekućinu. Nakon prvog dodavanja lagano premijesiti pa oblikovati kuglu. Stavite u okruglu posudu otpornu na pećnicu od 450 ml/¾ pt/2 šalice. Pokrijte kuhinjskim papirom i zagrijavajte na odmrzavanju jednu minutu. Ostavite sa strane 4 minute. Ponovite tri ili četiri puta dok se tijesto ne udvostruči. Premažite razmućenim jajetom i pospite krupnom soli i/ili dodatnim sjemenkama kima. Pokrijte kuhinjskim papirom i kuhajte na jakoj vatri 5 minuta, okrećući lonac jednom. Kuhajte do kraja još 2 minute. Ostavite 15 minuta, zatim pažljivo izvadite na rešetku.

raženi kruh

Radi jednu štrucu

Dodajte osnovno tijesto za smeđi kruh, koristeći pola integralnog pšeničnog brašna i pola raženog brašna. Pecite kao Bap Loaf.

Kruh s uljem

Radi jednu štrucu

Ponesite osnovno tijesto za bijeli kruh ili osnovno tijesto za crni kruh, ali zamijenite ostale masnoće maslinovim uljem, kokosovim uljem ili uljem od lješnjaka. Ako tijesto ostane ljepljivo dodajte još malo brašna. Kuhajte kao Bap Loaf.

Talijanski kruh

Radi jednu štrucu

Dodati osnovno tijesto za bijeli kruh, ali maslinovo ulje zamijeniti preostalom masnoćom i dodati 15 ml/1 žlica crvenog pesta i 10 ml/2 žličice pirea od sušenih rajčica (paste) zajedno sa suhim sastojcima prije miješanja u smjesu. tekućina. Kuhajte kao Bap Loaf, ostavite dodatnih 30 sekundi.

španjolski kruh

Radi jednu štrucu

Dodati osnovno tijesto za bijeli kruh, ali ostale masnoće zamijeniti maslinovim uljem, a suhim sastojcima prije umiješanja u tekućinu dodati 30 ml/2 žlice sušenog luka (suhog) i 12 nasjeckanih punjenih maslina. Kuhajte kao Bap Loaf, ostavite dodatnih 30 sekundi.

Tikka Masala kruh

Radi jednu štrucu

Dodajte osnovno tijesto za bijeli kruh, ali zamijenite ostale masnoće rastopljenim gheejem ili kukuruznim uljem, a suhim sastojcima prije umiješanja u tekućinu dodajte 15 ml/1 žlicu mješavine začina tikka i sjemenke 5 zelenih mahuna kardamoma. Kuhajte kao Bap Loaf, ostavite dodatnih 30 sekundi.

Sladni kruh s voćem

Pravi 2 kruha

450 g / 1 lb / 4 šalice jakog pšeničnog (krušnog) brašna
10 ml/2 žličice soli
1 vrećica Easy Mix suhog kvasca
60 ml/4 žlice mješavine ribiza i grožđica
60 ml/4 žlice ekstrakta ječma
15 ml/1 žlica crne melase (melase)
25 g/1 oz/2 žlice maslaca ili margarina
45 ml/3 žlice mlakog obranog mlijeka
150 ml/¼ pt./2/3 šalice mlake vode
Maslac, za mazanje

U zdjelu prosijte brašno i sol. Umiješajte kvasac i suho voće. Stavite ekstrakt slada, melasu i maslac ili margarin u malu zdjelu. Odledite bez poklopca u načinu rada za odmrzavanje 3 minute. Dodajte brašno s mlijekom i toliko vode da dobijete mekano ali ne ljepljivo tijesto. Mijesite na pobrašnjenoj površini dok ne postane glatko, elastično i ne bude više ljepljivo. Podijeliti na dva jednaka dijela. Svaki oblikujte tako da odgovara okrugloj ili pravokutnoj posudi od 900 ml/1½ pt/3¾ šalice. Prozirnom folijom (plastičnom) pokrijte posude, a ne tijesto i prerežite je dvaput da para izlazi. Zagrijte zajedno na način odmrzavanja jednu minutu. Ostavite 5 minuta. Ponovite tri ili četiri puta dok se tijesto ne udvostruči. Uklonite prozirnu foliju. Posude stavite jednu do druge u mikrovalnu i kuhajte nepoklopljene 2 minute. Premjestite posude i kuhajte još 2 minute. Ponovite još jednom. Ostavite 10 minuta. Preokrenite na rešetku. Čuvajte u hermetički zatvorenoj posudi kada je potpuno hladan. Ostavite sa strane jedan dan prije rezanja i premazivanja maslacem.

Irski soda kruh

Pravi 4 mala kruha

200 ml/7 tečnih oz/manje od 1 šalice mlaćenice ili 60 ml/4 žlice obranog mlijeka i prirodnog jogurta
75 ml/5 žlica punomasnog mlijeka
350g/12oz/3 šalice integralnog pšeničnog brašna
125 g/4 oz/1 šalica pšeničnog brašna (višenamjenskog).
10 ml/2 žličice sode bikarbone (soda bikarbona)
5 ml/1 žličica kreme od zubnog kamenca
5 ml/1 žličica soli
50 g maslaca, margarina ili masti

Temeljito namastite tanjur promjera 25 cm/10 cm. Pomiješajte mlaćenicu ili zamjenu i mlijeko. Prosijte cijelo pšenično brašno u zdjelu i dodajte pšenično brašno, sodu bikarbonu, tartarat i sol. Dobro obrišite masnoću. Dodajte svu tekućinu odjednom i miješajte vilicom dok ne dobijete mekano tijesto. Brzo mijesite pobrašnjenim rukama dok ne postane glatko. Oblikovati okrugli kolač promjera 18 cm/7. Prebacite na sredinu tanjura. Stražnjom stranom noža zarežite duboki križ na vrhu, a zatim lagano pospite brašnom. Malo pokrijte kuhinjskim papirom i kuhajte 7 minuta. Kruh će narasti i raširiti se. Ostavite 10 minuta. Izvadite tanjur s komadom ribe i stavite ga na rešetku. Nakon hlađenja podijeliti na četiri dijela. pohraniti u

Soda kruh s mekinjama

Pravi 4 mala kruha

Pripremite kao Irish Soda Bread, ali dodajte 60 ml/4 žlice grubih mekinja prije miješanja s tekućinom.

Za osvježenje Riq kruha

Stavite kruh ili kiflice u smeđu papirnatu vrećicu ili stavite između slojeva čiste kuhinjske krpe (krpe za suđe) ili stolne salvete. Zagrijte u režimu odmrzavanja dok kruh ne bude malo topao na površini. Pojedite ga odmah i nemojte ponavljati isti kruh s ostacima.

Grčke pitas

Pravi 4 kruha

Dodajte osnovno tijesto za bijeli kruh. Podijelite na četiri jednaka dijela i svaki dio lagano umijesite u kuglu. Razvaljajte u ovale, svaki 30 cm dug u sredini. Lagano pospite brašnom. Navlažite rubove vodom. Svaku presavijte na pola, stavljajući gornji rub preko donjeg. Čvrsto pritisnite rubove kako biste ih zatvorili. Staviti u podmazan i pobrašnjen pleh. Pecite odmah u uobičajenoj pećnici na 230°C/450°F/plinska oznaka 8 20-25 minuta, dok se kruhovi dobro ne dignu i ne poprime tamno zlatnu boju. Ohladite na rešetki. Ostavite da se ohladi pa raširite i jedite uz grčke umake i druga jela.

Cherry Fighter u luci

Poslužuje 6

750 g/1½ lb trešanja Morello sa sjemenkama u svijetlom sirupu, ocijeđenih i sačuvanih
15 ml/1 žlica želatine u prahu
45 ml/3 žlice šećera u prahu (jako sitnog).
2,5 ml/½ čajne žličice mljevenog cimeta
Lučko srneće
Dupla krema (gusta), šlag i mješavina začina (pita od jabuka), za dekoraciju

U veliku mjernu posudu ulijte 30 ml/2 žlice sirupa. Umiješajte želatinu i ostavite 2 minute da omekša. Pokrijte tanjurićem i odmrzavajte u načinu rada za odmrzavanje 2 minute. Promiješajte kako biste bili sigurni da se želatina otopila. Pomiješajte preostali sirup od višanja, šećer i cimet. Dodajte u čaše od 450 ml/¾ pt/2 porta. Pokrijte kao prije i zagrijavajte na najjačoj vatri 2 minute, miješajući tri puta, dok tekućina ne postane vruća i dok se šećer ne otopi. Prebacite u zdjelu od 1,25 litara/2¼ pt/5½ šalice i ostavite da se ohladi. Pokrijte i ohladite dok se smjesa želatine ne počne zgušnjavati i stavite malo oko zida zdjele. Sastavite višnje i rasporedite ih na šest desertnih tanjura. Ohladite dok se potpuno ne stegne. Prije posluživanja ukrasite gustim vrhnjem i mješavinom začina u prahu.

Cherry Warrior u jabukovači

Poslužuje 6

Pripremite kao u Trešnjama u Port Jellyju, ali porto zamijenite jakim suhim ciderom i cimetom s 5 ml/1 žličicom naribane narančine korice.

Kuhani ananas

Poslužuje 8

225 g/8 oz/1 šalica šećera u prahu (vrlo finog).
150 ml/¼ pt./2/3 šalice hladne vode
1 veliki svježi ananas
6 cijelih klinčića
5 cm/2 kom smeđi štapić
1,5 ml/¼ žličice naribanog muškatnog oraščića
60 ml/4 žlice srednje suhog šerija
15 ml/1 žlica tamnog ruma
Keksi (kolačići) za posluživanje

U posudu od 2,5 litara stavite šećer i vodu i dobro promiješajte. Poklopite velikim preokrenutim tanjurom i kuhajte na jakoj vatri 8 minuta da dobijete sirup. U međuvremenu ogulite ananas i izdubite mu košticu, vrhom gulilice za krumpir odstranite mu "oči". Narežite na ploške, a zatim narežite ploške na komade. Dodati u sirup sa ostalim sastojcima. Pokrijte plastičnom folijom i preklopite dvaput da para izlazi. Kuhajte 10 minuta okrećući lonac tri puta. Ostavite sa strane 8 minuta prije nego što prelijete na tanjure i jedete s hrskavim keksima s maslacem.

Kuhano Sharon voće

Poslužuje 8

Pripremite kao kuhani ananas, ali zamijenite ananas s 8 četvrtina šarona. Nakon što ga dodate u sirup s preostalim sastojcima, kuhajte ga samo 5 minuta. Miris rakije umjesto ruma.

Kuhane breskve

Poslužuje 8

Pripremite kao kuhani ananas, ali zamijenite ananas s 8 velikih breskvi bez koštica prerezanih na pola. Nakon što ga dodate u sirup s preostalim sastojcima, kuhajte ga samo 5 minuta. Aromatizirano likerom od naranče umjesto ruma.

Ružičasta kruška

Poslužuje 6

450 ml/¾ pt/2 čaše ružičastog vina
75g/3oz/1/3 šalice granuliranog šećera
6 desertnih krušaka, peteljke ostaviti na vrhu
30 ml/2 žlice kukuruznog brašna
45 ml/3 žlice hladne vode
45 ml/3 žlice smeđeg porta

Ulijte vino u dovoljno duboku posudu da u nju stane sve kruške s jedne strane u jednom sloju. Dodajte šećer i dobro promiješajte. Kuhajte potpuno nepoklopljeno 3 minute. U međuvremenu ogulite kruške, pazeći da im ne izgube peteljke. Stavite sa strane u mješavinu vina i šećera. Pokrijte plastičnom folijom i preklopite dvaput da para izlazi. Kuhajte do kraja 4 minute. Okrenite kruške s dvije žlice. Poklopiti kao i prije i kuhati na jakoj vatri još 4 minute. Ostavite 5 minuta. Stavite uspravno u posudu za posluživanje. Da biste zgusnuli umak, tekuće pomiješajte kukuruzni škrob i vodu te umiješajte porto. Umiješajte mješavinu vina. Kuhajte bez poklopca na jakoj vatri 5 minuta, snažno miješajući svaku minutu, dok se ne zgusne i pročisti. Prelijte preko krušaka i poslužite toplo ili ohlađeno.

Božićni puding

Omogućuje pripremu 2 pudinga, od kojih svaki sadrži 6-8 porcija

65 g pšeničnog brašna (univerzalnog).
15 ml/1 žlica kakaa u prahu (nezaslađena čokolada).
10 ml/2 žličice mješavine začina (pita od jabuka) ili mljevene pimente
5 ml/1 žličica naribane kore naranče ili mandarine
75 g / 3 oz / 1½ šalice svježih smeđih krušnih mrvica
125 g/4 oz/½ šalice mekog tamno smeđeg šećera
450 g/1 lb/4 šalice miješanog suhog voća (mješavina za kolačiće) s kožicom
125 g/1 šalica nasjeckanog loja (po želji vegetarijanski)
2 velika jaja na sobnoj temperaturi
15 ml/1 žlica crne melase (melase)
60 ml/4 žlice Guinnessa
15 ml/1 žlica mlijeka

Dobro namastite dvije zdjelice za puding od 900 ml/1½ pt/3¾ šalice. U veću zdjelu prosijte brašno, kakao i začine. Dodajte koricu, krušne mrvice, šećer, voće i loj. U posebnoj zdjeli pomiješajte jaja, melasu, Guinness i mlijeko. Suhe sastojke izmiješajte vilicom da dobijete mekanu smjesu. Ravnomjerno podijelite u pripremljene zdjelice. Svaku slobodno prekrijte kuhinjskim papirom. Kuhajte jednu po jednu na punoj snazi 4 minute. Ostavite 3 minute u mikrovalnoj. Svaki puding kuhajte na jakoj vatri još 2 minute. Izvadite iz zdjelica kada se ohlade. Kad se ohladi, zamotajte u dvostruki sloj pergament papira (voštani) i zamrznite dok ne bude potrebno. Prije posluživanja potpuno odledite, narežite na porcije i zagrijavajte pojedinačno na tanjurima 50-60 sekundi.

Puding od maslaca sa šljivama

Omogućuje pripremu 2 pudinga, od kojih svaki sadrži 6-8 porcija

Pripremite kao božićni puding, ali loj zamijenite 125 g otopljenog maslaca.

Puding od šljiva sa uljem

Omogućuje pripremu 2 pudinga, od kojih svaki sadrži 6-8 porcija

Pripremite kao božićni puding, ali loj zamijenite 75 ml/5 žlica suncokretovog ili kukuruznog ulja. Dodajte još 15 ml/1 žlicu mlijeka.

Voćni sufle u čašama

Poslužuje 6

400 g/14 oz/1 velika limenka bilo kojeg voćnog nadjeva
3 jaja, odvojena
90 ml / 6 žlica netučenog vrhnja za šlag

Voćni nadjev stavite u zdjelu i pomiješajte sa žumanjcima. Od bjelanjaka istucite čvrsti snijeg i lagano ga umiješajte u voćnu smjesu dok se dobro ne sjedini. Ravnomjerno ulijte smjesu u šest vinskih čaša s drškom (ne kristalnih), dok se ne napune do pola. Kuhajte u paru u načinu odmrzavanja 3 minute. Smjesa bi trebala narasti do vrha svake šalice, ali će se malo slegnuti kada se izvadi iz pećnice. Na svakom zarežite nožem. Na svaki staviti 15 ml/1 žlica vrhnja. Ići će od bočnih strana naočala do baza. Poslužite odmah.

Gotovo instant božićni puding

Pravi 2 pudinga, svaki za 8 porcija

Apsolutno prekrasni, nevjerojatno bogati, duboki, voćni i brzo sazrijevaju tako da ih ne morate raditi tjednima unaprijed. Nadjev od konzerviranog voća ovdje je ključni element i dokazuje kontinuirani uspjeh pudinga.

225 g/8 oz/4 šalice svježih bijelih krušnih mrvica
125 g/4 oz/1 šalica pšeničnog brašna (višenamjenskog).
12,5 ml/2½ žličice mljevene pimente
175 g/6 oz/¾ šalice tamnog mekanog smeđeg šećera
275 g sitno nasjeckanog loja (po želji vegetarijanski)
675 g/1½ lb/4 šalice miješanog sušenog voća (mješavina za voćni kolač)
3 jaja, dobro umućena
400 g / 14 oz / 1 velika limenka nadjeva od višanja
30 ml/2 žlice crne melase (melase)
Dutch Butter Blender Cream ili šlag za posluživanje.

Dobro namastite dvije zdjelice za puding od 900 ml/1½ pt/3¾ šalice. Prezle uspite u zdjelu, prosijte brašno i začine. Dodajte šećer, loj i suho voće. Miksajte jaja, voćni nadjev i melasu dok ne omekšaju. Poslažite pripremljene zdjelice i svaku prekrijte kuhinjskim papirom. Kuhajte jednu po jednu na jakoj vatri 6 minuta. Ostavite 5 minuta u mikrovalnoj. Svaki puding kuhajte na jačoj vatri još 3 minute, okrećući zdjelu dva puta. Izvadite iz zdjelica kada se ohlade. Kad se ohladi, zamotajte u voštani papir i ohladite u hladnjaku dok ne zatreba. Izrežite na porcije i zagrijte prema tablici gotove hrane. Poslužite uz blender ili šlag.

www.ingramcontent.com/pod-product-compliance
Lightning Source LLC
Chambersburg PA
CBHW071903110526
44591CB00011B/1535